面向市场竞争分析的在线评论比较关系挖掘

基于餐饮行业的实证研究

高松　王洪伟◎著

中国财经出版传媒集团
经济科学出版社
Economic Science Press
·北京·

图书在版编目（CIP）数据

面向市场竞争分析的在线评论比较关系挖掘：基于餐饮行业的实证研究／高松，王洪伟著．--北京：经济科学出版社，2024．11

ISBN 978－7－5218－3112－2

Ⅰ．①面…　Ⅱ．①高…　②王…　Ⅲ．①饮食业－互联网络－舆论－研究　Ⅳ．①F719．3

中国版本图书馆 CIP 数据核字（2021）第 248678 号

责任编辑：凌　敏
责任校对：易　超
责任印制：张佳裕

面向市场竞争分析的在线评论比较关系挖掘
——基于餐饮行业的实证研究

高　松　王洪伟　著
经济科学出版社出版、发行　新华书店经销
社址：北京市海淀区阜成路甲 28 号　邮编：100142
教材分社电话：010－88191343　发行部电话：010－88191522
网址：www.esp.com.cn
电子邮箱：lingmin@esp.com.cn
天猫网店：经济科学出版社旗舰店
网址：http：//jjkxcbs.tmall.com
北京季蜂印刷有限公司印装
710×1000　16 开　12.75 印张　190000 字
2024 年 11 月第 1 版　2024 年 11 月第 1 次印刷
ISBN 978－7－5218－3112－2　定价：58.00 元
（图书出现印装问题，本社负责调换。电话：010－88191545）

前　言

比较是人们认识事物的基本方法。将多个事物加以对照，可以发现其在某些方面的相似性或差异性。尤其在商业领域，常言道“不怕不识货，就怕货比货”。消费者在进行购物时，往往会将目标商品与同类商品进行比较，以辅助进行决策。对于商家而言，通过比较能够体现出商品的竞争优势和不足，为市场营销策略以及商品改进提供依据。

消费者在线评论作为商品口碑传播的一种载体，是消费者自觉地、理性地就是否能寻求特定利益，满足某种需要而对商品进行的评价，其中蕴含着丰富的比较关系信息。与传统的单一商品评论相比，含有比较关系的评论由于提供了一种比较基准，减少了信息的不确定性，提高了消费者对评论有用性的认知水平，在一些研究中被认为能相对客观地反馈商品评价情况。因而，针对在线评论中的比较关系信息进行识别、抽取和应用的研究逐渐引起学者的兴趣。

在工业界，许多商品导购网站热衷通过商品评测来引导消费者购物选择，但受限于评测者的专业性、商品类型和行业限制，评测主要聚焦在手机、相机、笔记本等电子商品。而在线评论中的比较关系为商品之间的“评测”提供了丰富的基础数据，为电子产品、餐饮服务、影音娱乐等领域任意两个或两个以上商品的比较分析提供了可能，本书认为这类研究是很有意义的。首先，对这些数据的深入挖掘和分析，可以形成对两两商品的“评测”观点，获得在特征属性上的量化数值；其次，在两两比较的基础上，能够构建可比商品的比较网络，获得商品市场结构和商品竞争力；再次，聚焦目标商品的竞争性网络，获得其主要竞争对手，以及与竞争对手相比的优势和劣势；最后，为商品管理者提供目标商品的改进策略，提高商品的竞争力。

基于此，本书旨在解决以往研究中的不足，通过情感分析、关系检测、实体抽取、社会网络分析等技术挖掘出在线评论中的比较关系，并将其应用到商品推荐、量化比较、竞争对手识别、市场环境分析等研究中。主要针对中文在线评论的特点，提出“提升在线评论比较关系信息识别准确率，探索基于比较信息的商品竞争关系及市场环境”这一科学问题，从技术、应用和理论支持三个角度，沿着“在线评论比较关系的识别与抽取→在线评论比较关系对消费者信息有用性认知的影响→基于比较关系的商品量化比较研究→基于比较关系的竞争对手分析”主线，由粗到细、由基础研究到实际应用，对“在线评论中的比较关系”进行了全面、系统性地研究，并针对在研究过程中出现的主要问题进行深入探讨和创新。

本书的主要贡献如下：

(1) 提出了在线评论比较关系的识别与抽取方法。针对中文在线评论，本书结合比较句的语言学研究成果，提出一种根据比较句的范畴判别语料类型的比较关系识别方法，有效提高了中文在线评论中比较关系识别的准确率与召回率。并针对不同的比较范畴，在分析比较关系的构成基础上，结合实体抽取和情感分析技术，将含有比较关系的评论文本转化为特征比较观点对，实现了比较关系的量化。

(2) 发现了比较关系对消费者信息有用性认知的显著性影响。结合心理学、广告学以及哲学相关理论，本书采用实证分析的方法系统地研究评论中比较关系对消费者信息有用性认知的影响。将评论有用性的投票数作为因变量，比较关系作为一个自变量，同时考虑不同的比较范畴以及与比较信息存在交互作用的其他评论属性。构造不同的模型进行显著性检验，发现了比较关系在消费者有用性认知方面所起到的重要作用。

(3) 提出了基于在线评论比较关系的商品量化比较方法。在抽取出商品特征比较观点对基础上，本书提出了用于两两商品量化比较的方法。针对商品间存在直接比较关系、间接比较关系、无比较关系三种情形，通过单线量化方法、双线量化方法和多线量化方法获得两两商品的综合比较信息、情感差异信息以及特征比较信息，并采用饼图、柱形图和雷达图进行可视化展示。

（4）提出了基于在线评论比较关系的竞争对手识别方法。通过两两商品的量化比较方法，本书提出了一种动态的竞争对手识别方法。构建目标商品的竞争性网络，识别主要竞争对手，结合图形可视化对目标商品和竞争对手进行了特征层面的比对，帮助目标商品管理者制定可行的市场调整策略。

本书的内容安排如下：第 1 章介绍本书的研究背景，据此引出本书着手需要解决的问题，提出研究思路、研究方法以及研究内容。第 2 章对比较关系相关研究成果进行总结，为本书研究的必要性和重要性提供理论支持。第 3 章提出在线评论比较关系的识别与抽取方法，通过餐饮行业的实验数据，证实了本书提出的方法的准确率、召回率都较高。第 4 章探索比较关系对消费者信息有用性认知的影响，分析影响机理和影响路径，验证在线评论中比较关系的价值。第 5 章提出基于比较关系的商品量化比较方法，为可比商品之间的有效“评测”提供了技术支持。第 6 章提出基于比较关系的竞争对手分析，帮助目标商品有效识别竞争对手，制定竞争策略。

本书得以顺利出版，要感谢国家自然科学基金面上项目（71771177）、国家自然科学基金青年科学基金项目（72001215）、同济大学管理科学与工程上海市高峰学科建设资金的大力资助。本书可供高校管理类和计算机类专业研究生与广大科研工作者参考使用。

由于时间和水平的限制，书中疏漏之处，恳请读者批评指正。

高松

2024 年 8 月于北京

目　录

第1章　绪　论

1.1　研究背景与研究意义

1.1.1　研究背景

比较是人们认识事物的基本方法。客观世界的事物纷繁复杂，由于人力和物力的限制，人们不可能逐一认识每一个个体。将多个事物加以对照，可以发现个体之间在某些方面的相似性或差异性。尤其在商业领域，常言道“不怕不识货，就怕货比货”，比较是凸显商品竞争力的重要手段。消费者常借助于与其他产品比较，从而对产品的质量和性能有进一步的认识。对于商家而言，通过比较能够体现出与其他产品的竞争优势和不足，为市场营销策略以及产品改进提供依据。而消费者在购物时，通常会有多种选择，由于缺乏使用体验，很难作出商品之间的对比。因此，一些研究者希望能够挖掘出这种商品间的比较关系，他们认为互联网上广泛而丰富的口碑资源为挖掘这种信息提供了可能。

截至2022年12月，我国网民规模达10.67亿人，较2021年底增长3549万人，互联网普及率达75.6%，手机网民规模达10.65亿人，网民使用手机上网的比例高达99.8%。[①] 其中绝大多数用户会通过网络浏览或发表自己的

① 中国互联网络信息中心．第51次中国互联网络发展状况统计报告［R］．北京：中国互联网络信息中心，2022.

意见和观点，分享知识和购物经历。仅专业评论网站“大众点评网”的月活跃用户数就超过2亿，点评数量超过7500万条，月综合浏览量（网站及移动设备）超过150亿次，收录商户数量超过1400万家，覆盖全国2500多个城市及美国、日本、法国等近百个热门旅游国家和地区。① 特别是涉及产品或服务的评论信息，通常都是消费者根据自己对产品的使用情况或服务体验，从自身角度来发表关于产品或服务在各个特征上的观点。相较于商家提供的宣传信息，这些观点具有非商业性和独立性，价值更高。许多消费者倾向于依靠评论信息作出购物决策。多项研究已经证实在线评论会影响人们的认知、情感、期望、感知、态度、意向和实际行为，并且蕴含着海量的商业信息用于产品特征观点挖掘、竞争对手分析以及市场环境研究。

同时，海量的在线评论资源也充斥着大量无用的评论信息。如消费者在评论时只表达“很好”“较差”等类似的观点，但是这些观点并不代表产品或服务真的“很好”或者“较差”。因为这种信息实际上是一种笼统的表达，缺乏一个衡量质量的标准。而含有比较关系的评论信息在一定程度上能够提供这种衡量标准，具有较强的说服力和真实性。研究发现，仅在商品评论信息中，含有比较信息的表达形式就占在线评论总数的10%以上，并且主要以比较结构句式的形式展现（Jindal & Liu，2006）。作为常见的表达方式，比较句有助于评论者更加立场鲜明地陈述观点。

在高度竞争的市场环境中，无论是企业还是普通的产品，必然都会存在着与其分享同一个市场的多个竞争者，这些竞争对手的表现最终将会影响目标企业或者商品的经济表现。市场竞争性分析是热门的研究领域，主要包括识别竞争对手、分析自身与竞争对手的竞争力差别、为决策者提供市场战略指导（Xu et al.，2011；Zhang et al.，2013）。以餐饮行业为例，消费者在选择满足某种需求的餐饮服务时通常会有很多的选择，比如不同的菜系、不同的地理位置、不同的餐厅档次等。这些因素都会影响到目标餐厅的顾客数量，

---

① 大众点评推出到家服务已覆盖15城市［EB/OL］. 搜狐网，http://www.sohu.com/a/14076100_115565，2015-05-17.

抢占共同的市场份额，最终影响目标餐厅的收入。目标餐厅若想在市场竞争中脱颖而出，具有较高的竞争力，需要认真分析所处市场的竞争环境，特别是竞争对手的信息，从而制定有效的竞争策略（Gao et al.，2018）。

在之前的研究中，市场中获取竞争对手的信息主要来自新闻媒体、分析报告、问卷调查等方式。这些方式所提供的竞争对手情报是值得商榷的，这是因为：第一，调查范围有限；第二，注重内容分析，带有明显的分析者主观性判断；第三，有限的数据和调查来源限制了全面的分析。因此，如何能够准确识别竞争对手，尽可能真实地描述出目标所处的市场竞争环境是一直以来较为困难的问题。

而近几年对消费者评论中比较信息的研究显示出了利用比较进行竞争分析的可能性。首先，比较观点通过评价标准提供了接近真实性的消费者情感观点，减少了情感分析所带来的模糊性评价问题。其次，竞争是通过比较来彰显的，竞争中的优势与劣势也是相对而言，在不同的调查中，优势也可能成为劣势。而通过消费者认知获得的竞争信息能够有效挖掘出当前阶段真正的优势与劣势。最后，竞争力不是一成不变的，而是个动态的变化过程，特别是会随着对手战略的调整进行改变。及时地捕捉自身和竞争对手的变化情况是保持持续竞争力的关键与核心，而消费者最先能够察觉出这种变化信息，并且可以及时地从他们的比较观点中反映出这种动态的变化。因此，本书基于近几年研究成果，发现了评论中比较信息的重要价值，能够提高信息的可信度，减少大量评论造成的信息过载现象。

通过归纳比较关系挖掘的相关研究成果，本书发现该研究涉及情感分析、实体抽取、关系识别、网络分析和市场结构等众多领域，得到学术界和工业界的广泛关注。国际计算语言学大会（International Conference on Computational Linguistics，COLING），计算语言学学会年会（Annual Meeting of the Association for Computational Linguistics，ACL），美国人工智能协会年会（National Conference on Artificial Intelligence，AAAI），国际信息提取、知识管理和数据库年会（The ACM International Conference on Information and Knowledge Management，

CIKM)，国际网络搜索与数据挖掘会议（International Conference on Web Search and Data Mining，WSDM)，以及第四届中文倾向性分析评测会议都对这一领域进行研讨，有效推动了这一领域的研究进展。工业界更是敏锐地洞察到通过商品比较带来的商机，谷歌购物（Google Shopping)、雅虎购物(Yahoo Shopping)、在线比价网站（Shopzilla)、数码摄影评论网站（Dpreview)、专业相机和手机的评测机构（DXOMARK）等应运而生，专注于产品之间的比较。

上述网站所展示的信息比较基础，提供了硬件指标和价格方面的比较，但是这种比较缺乏真正的使用体验。目前，一些手机类导购网站进行了个别商品的评测服务，就是在评论者使用过手机的各个功能后进行的实际体验型对比分析，提供给其他消费者进行参考。但是这样的服务本身就带有评论者个人主观建议，而且只针对少量的手机类产品，无法在其他行业应用。本书关注的比较关系信息是从评论中挖掘出的来自大量消费者体验的“评测”观点，具有极高的应用价值。如在餐饮行业，可以通过挖掘出的比较关系信息，进行不同的餐厅全方位的“评测”与分析。

综上所述，本书分析了以往研究中的不足，通过情感分析、关系检测、实体抽取、网络分析挖掘出在线评论中的比较信息，并将其应用到商品推荐、竞争对手识别、风险控制、市场环境分析等相关研究中。主要针对中文在线评论的特点，提出“提升在线评论比较信息识别准确率，探索基于比较信息的商品竞争关系及市场环境”这一科学问题。

1.1.2 研究意义

（1）丰富了比较关系挖掘的研究体系。比较关系挖掘是观点挖掘领域的重要分支，涉及语义分析、情感分析、关系挖掘、词性抽取等技术。并且由于语言结构以及文化背景的特殊性，中文比较信息识别的难度极大地增加。本书在现有比较关系识别与提取算法基础上，结合中文比较句的语言学知识、自然语言处理技术、机器学习技术，识别出中文在线评论中比较关系的不同类别及其关键词，并考虑各种比较类型的特征，建立混合比较规则库，最后设计了针对中文在线评论的比较关系提取方法。针对当前比较关系挖掘的不足，本书希望获得识别评论中比较关系的较高准确率，并进一步为探讨这些比较信息的应用价值提供技术支持。这是对观点挖掘研究领域的有益补充。

（2）揭示了评论中比较关系信息在减少信息模糊性方面的价值。有研究指出，含有比较信息的评论文本往往具有更高的可信度（Varathan et al.，2017），获得相对较高的“点赞数”。本书将引入在线评论中的比较信息作为一个影响因素。研究该特征对评论有用性的直接影响，揭示评论中比较信息在消费者决策中的价值，探索其对消费者信息有用性认知的影响。本书证明了评论中比较关系信息对于减少信息模糊性所起的作用，进一步将其应用在不同商品的比较上。考虑到以往关于商品之间的比较研究多采用定性分析，以手机产品为例，不同手机间的对比往往通过实验进行评测，耗费人力物力，难以在其他行业推广，本书基于比较关系信息的观点价值，提出了一种基于消费者“评测”观点的商品对比量化方法，能够尽可能真实地描述不同商品的比较结果，进一步帮助其他消费者获得较为真实的产品各个特征上的观点。

（3）通过比较关系进行了有效的市场竞争性探索。在线评论中的比较关系信息描述了在某个特定市场中所有可比商品的竞争关系，通过这些关系构建出商品比较网络，已有研究证实了这种网络对商品竞争性表现的客观描述作用。本书从餐饮行业在线评论资源中提取出适用于餐厅竞争力分析的数据，分析了某特定区域中不同餐厅的竞争力表现和市场竞争环境，以及围绕一个目标餐厅进行其竞争对手分析，并与竞争对手比较目标餐厅在该特定区域的优势与劣势。本书的成果为主要挖掘出商品在特定区域中的总体表现以及在具体特征上的竞争信息，发现潜在的竞争对象以及自身的优势和不足，帮助决策者更好地制定市场竞争策略。此外，本书所提出的方法也可用于其他行业，或者企业层面的比较，本书为竞争力相关理论研究提供了新的视角和数据来源。

1.2 研究内容与研究方法

1.2.1 研究主题

在线评论表达观点的形式主要有两种：一是常规评论，对单个商品表达主观感受；二是比较评论，通过一个或多个其他商品对当前商品进行评价。本书主要研究的是第二种形式，相比于常规评论，比较评论能够通过一种标准对当前的商品进行评价。在某种程度上，这种评价能够反映出商品的真实信息。如两个评论文本，“环境是我喜欢的风格，感觉跟大秦风格很像呐”（比较评论）和“环境很不错，宽敞”（常规评论），两者在信息说服性上明显前者更好。消费者在称赞该餐厅“环境好”的基础上，用“大秦”（餐厅名称）作为一个评判的标准，说明其环境与“大秦”的环境是同一个水平。而第二个评论对当前餐厅的评价是“环境很不错，宽敞”，因为并不知道评论者的评判标准，“不错”和“宽敞”的程度是未知的，这样的评论内容很难反映该餐厅环境是否真的“不错”和“宽敞”。在本书中，将通过比较能够彰显当前商品“好”或者“坏”观点的信息视为在线评论的比较关系信息。

同时，为保证信息的质量，对于不含有任何细节或特征信息的笼统比较形式，本书不考虑将其纳入比较关系信息。如“绝对比外婆家好”这一评论内容无任何细节支持，信息质量不高，甚至可能是竞争对手的诋毁。类似这样的比较信息很难展现出有说服力的观点。因此，本书将含有具体细节或特征描述信息的比较内容归为在线评论的比较关系信息。

在线评论中的比较关系信息有多种表达形式，本书通过阅读大量的评论文本，对中文在线评论中的比较关系信息进行了归纳与总结，总共有五种类型，如表1.1所示。其中，第一种类型表达的是两个商品具有很强的相似性，没有优劣之分；第二种类型显示两个商品间的差异性，通过另一件商品表明当前对象的优劣；第三种类型与第四种类型都是与自身在前后不同时期的比较，属于自我比较的形式；第五种类型是一种多商品比较，凸显出当前商品在小范围内是“最好”或者“最差”。在这五种类型中，前四类的评论数量相对较多，第五类较少。这是因为能够与多个餐厅进行比较，需要评论者有丰富的餐饮服务体验，否则很难进行极值评价。

表 1.1　　在线评论中比较关系信息的类型

类别	比较信息	比较类型描述
1	环境是我喜欢的风格，感觉跟大秦风格很像呐	与其他餐厅进行的比较，无差异
2	没有虹桥路的那家嗲～ 天津路店新开有 75 折优惠，这家就没有了	与其他餐厅进行的比较，有差异
3	跟以前一样，还是那么好吃	与自身比较，无差异
4	现在的环境比本来稍微好一点	与自身比较，有差异
5	所有门店差不多都吃过了，感觉这家最差	与其他多个餐厅进行的比较，有差异

针对在线评论中的这五种比较形式，本书发现了各自的一些基本特点。如第一种和第二种比较类型，评论文本中都必然存在另一个不同的商品名称，第三种和第四种比较类型，评论文本会通过“以前”“本来”这些指示词进行自我比较。第一种类型与第三种类型也会通过一些指示词来表现出无差异性的比较结果（如“很像”“一样”等)。对于第五种类型，评论中通常会有表示多个餐厅的指示词，如采用“最好”“最差”“同档次的”等指示词。本书第 3 章将引入比较语言学知识，对不同类型比较形式进行剖析和说明，找到合适的识别方法和抽取策略。

1.2.2　研究内容

（1）在线评论比较关系的识别。在线评论中的比较信息多以比较句形式呈现，因此比较关系的研究主要集中在比较句的识别上。现有的研究通过关键词、序列规则、句法分析等识别比较句。受限于中文表达口语化严重、语法不规范、主语缺失等问题，本书将通过分析比较句的语言学研究成果，根据不同类别的比较句构建混合规则库，提高识别中文比较句的准确率。表 1.2 展示了不同比较句的类型，主要有平比关系、差比关系、自比关系和极比关系，这些类型具有不同的比较特征，本书将深入探讨。

表 1.2　　　　不同类型比较句示例

例句	类型
环境是我喜欢的风格，感觉跟大秦风格很像呐	平比关系
跟以前一样，还是那么好吃	自比关系
没有虹桥路的那家嗲 ~	差比关系
天津路店新开有 75 折优惠，这家就没有了	差比关系
现在的环境比原来稍微好一点	自比关系
所有门店差不多都吃过了，感觉这家最差	极比关系

对于中文语境下的非规范语言现象的研究和处理，是当前中文自然语言处理面临的一个难题。另外，在线评论中存在很多隐性比较句，这些句子通常带有比较含义，但是没有明显的比较词。如"产品变化太大了吧，不顺手"，表达的是产品不如之前的，但是没有符合比较的关键词和规则，这类语句的识别比较困难。上述问题都是本书尝试解决的内容。

（2）在线评论中的比较关系提取。分析一个完整的比较句，如"iPhone 7 的速度确实比 iPhone 6s 快多了"涉及两个比较的物体 iPhone 7 和 iPhone 6s，比较的特征是"手机反应速度"，比较词是"比"，结果为"快多了"。这一句表达的是"在速度方面 iPhone 7 更好"。这种定性的描述虽然很容易被理解，但被计算机自动识别却十分困难，因此需要将比较关系进行量化。本书将从完整的比较句中提取四个要素，即比较主体、比较客体、比较属性和比较结果，组成特征比较观点对。其中比较主体、比较客体、比较属性可以归为实体，在词性上多为名词和代词类型的实词，在语义上代表上下文中实物和属性。因此提取这类信息可以借鉴信息抽取、观点识别等现有技术。针对上面例子中的文本信息，本书需要将其量化，以便于进一步的理论和应用研究。例如，在上面的例子中，通过观点识别、情感分析技术可以获得其特征比较观点对 <iPhone 7，iPhone 6s，反应速度，快多了>。然后再采用成熟的情感分析技术分析这个特征比较观点对并计算情感倾向性。但是，在中文表达中，比较主体、客体、属性经常发生部分缺失的情况，为抽取工作带来了困难，并且主体与客体的位置也会影响情感极性的判断，本书将探索有效的方法解决这些问题。

（3）比较关系对消费者信息有用性感知的影响机制。比较作为一种有说服力的表达方式，在先前的研究中已经证实了能够显著影响消费者的认知和判断，发挥了重要价值。但是在线评论中的比较关系是否能够显著影响消费者的认知，减少信息的模糊性有待验证。本书将评论中的比较关系信息与评论有用性相关联，通过实证研究探索比较信息是否能够显著影响评论对消费者决策的影响，并且考虑了不同比较类型，以及其他因素与比较关系信息的交互作用。这一内容也是对比较关系得以在市场中应用的有效理论支撑。

（4）商品比较关系量化。众多商品之间存在错综复杂的关系，比如并列关系就可以通过关联规则识别经常绑定销售的商品；因果关系可以通过句法分析获得商品间的认知逻辑顺序；而比较关系需要分析出商品间的认知差异。从餐饮行业在线评论中抽取出的特征比较观点为各个餐厅间的关系网络的建立提供了可能。本书把餐厅抽象成网络节点，将观点抽象成节点之间的连线。通过单线图、双线图和多线图构建出不同的比较网络，并采用现有的网络分析技术对网络中的节点和连线进行分析，能够识别出这些餐厅间错综复杂的联系、餐厅间的竞争与排名等信息。

（5）竞争对手识别与市场环境分析。通过对商品特征比较网络的分析，本书将研究如何通过在线评论信息识别出竞争对手。在线评论往往会将具有可比关系的商品进行比较，这些商品有可能成为竞争对手。特别是在某一特定区域的餐饮市场中，消费者常常根据自己的服务体验将这些餐厅进行比较，并分享这样的比较关系。本书需要找到有效方法筛选出与目标餐厅具有强竞争关系的潜在竞争对手，帮助目标餐厅分析所处的市场竞争环境，判断哪些竞争对手会对其造成威胁。这将是比较关系挖掘的一个重要应用。

（6）商品对比研究。消费者购物时通常会面临很多选择，相比于商品价格、颜色等客观信息，其他消费者的使用体验更能影响消费者的决策。特别是一些在多个商品中均有购物体验的消费者观点能显著减少购买者的疑虑。目前，一些导购网站通过特定商品的评测为购买者提供了宝贵信息，但是评测需要消耗人力和物力，只有少量商品才会提供这种评测分析。而本书发现，通过在线评论能够获得商品之间关于特征的对比信息，这些信息是由消费者提供的，表达在某一特征上的“评测”观点。本书将借助在线评论进行任意两个可比商品间的对比分析，并将其量化展示，以其他消费者的“评测”观点为购买者提供参考。

1.2.3 研究目的

针对现有研究的局限性，本书重点研究在线评论中商品的比较关系对减少信息模糊性、分析市场竞争环境、挖掘竞争对手等方面所起到的重要作用。研究目标主要包括以下几个方面：

（1）提高在线评论比较关系识别的准确率。本书结合语言学、自然语言处理和机器学习等知识，面对在线评论中各种比较类型的特点，提出相应的识别与提取算法，尽可能减少人工干预成分，提高在线评论比较关系识别的准确率和召回率，增强算法在其他领域的可移植性。

（2）探索在线评论比较关系对消费者信息有用性的影响机制。本书结合社会比较理论和霍夫兰德的说服模型，将比较信息作为一种文本属性，通过回归分析检测比较信息是否能够影响其他消费者的有用性认知，并研究其他评论属性与比较信息属性的交互作用。

（3）提出基于在线评论比较关系的商品量化比较方法。针对评论中的比较关系信息，将其转化为特征比较观点对，结合情感分析和关系识别技术，将比较关系量化，明确不同商品在不同特征比较下的具体量化差异，进行不同商品之间的评测与分析。

（4）提出一种基于在线评论比较信息的竞争对手识别方法。在线评论中的比较信息能够揭示出与目标商品具有同等功能属性的其他同类商品，这些商品能够成为其潜在的竞争对手，这是源于人类在认知中，往往会将相同类型、相同水平的物体相互比较。在购物选择中，通过比较关系识别竞争对手是一种有效的方法，但是，并不是所有与目标商品有比较关系的都会成为竞争对手，本书将基于比较关系构建特征比较网络，分析网络构成，寻找其真正具有威胁的竞争对手。

1.2.4　研究方法

本书采用很多计算机技术进行文本处理、分析与建模。首先，采用爬虫技术抓取大量的评论文本，然后采用分词技术和词性标注技术处理这些文本，删除停用词；其次，结合序列模式识别技术，通过词性和关键词模式构建出比较的模式库；再其次，通过比较模式库识别出评论中的比较关系，建立计量模型验证比较关系对于消费者信息有用性认知的影响；最后，通过比较关系抽取方法提取出特征比较观点对，搭建了所有商品间的联系，形成了商品比较网络，采用网络分析方法对这个网络进行处理。下面分别对上述主要技术进行介绍。

1.2.4.1　爬虫技术

网络爬虫（Crawler）也被称为网页蜘蛛或网络机器人，是一种按照一定的规则，自动地抓取互联网信息的程序或脚本。网络爬虫作为搜索引擎的重要组成部分，主要作用是帮助搜索引擎从互联网上尽可能地下载网页。其工作原理是依靠链接地址来寻找对应的网页。首先从网站的某一个页面开始，读取页面中的内容并根据固定标签抓取所需信息，然后依次找到在网页中的其他链接地址，随后通过这些链接地址寻找下一个网页，如此循环往复，直到将起始网页所在网站的所有网页都抓取完毕或者满足系统一定停止条件为止。

在爬虫系统中，待抓取网页链接地址以什么样的顺序排列也是一个很重要的问题。因为这涉及先抓取哪个页面、后抓取哪个页面。决定这些网页链接地址排列顺序的方法，叫做抓取策略。爬虫抓取策略可以分为深度优先、广度优先和最佳优先三种。深度优先在很多情况下会导致爬虫的陷入问题，目前常见的是广度优先和最佳优先方法。广度优先搜索策略是指在抓取过程中，在完成当前层次的搜索后才进行下一层次的搜索。最佳优先搜索策略是按照一定的网页分析算法，预测候选网页链接地址与目标网页的相似度，或与主题的相关性，并选取评价最好的一个或几个进行抓取。爬虫技术在本书主要是为了获取原始数据集。

1.2.4.2 文本预处理

由于网页中的内容具有多样性（比如网页中有链接或者广告），造成了在线评论内容包含大量的无用噪声数据。因此，为减少干扰，提高评论挖掘的准确性，在对语料进行具体实验任务之前，需要先进行文本的预处理工作。这一步骤主要包括分词、去除停用词和词性标注，本书的文本预处理全部采用 Python 中的 Jieba 包实现。Jieba 是专门用于中文分词的 Python 组件，支持三种分词模式：一是精确模式，将句子最精确地切开，适合文本分析；二是全模式，把句子中所有的可以成词的词语都扫描出来，速度快，易产生歧义；三是搜索引擎模式，在精确模式基础上，对长词再次切分，提高召回率，适用于搜索引擎分词。本书选取精确模式。除分词功能，Jieba 还具有自建词典、删除停用词、词性标注等功能。这部分主要应用于本书中的文本处理工作。

（1）文本分词。因为中文文本不同于英文文本，中文的词与词之间没有空格之类的分隔标记，很难提取出其中的关键词和特征词，所以汉语需要解决分词的问题，这也是计算机在处理汉语文本时所面临的最基础性也是最重要的工作。分词结果如示例所示。

示例：网传上海滩最好吃的川菜，吃完感觉中等略偏上吧。沸腾鱼麻麻辣辣，却不如渝信家入味。蟹粉虾球是此次败笔，腥得难以自拔。好在担担面还不错，芥蓝也清脆可口。

采用 Jieba 分词结果为：网传/上海滩/最/好吃/的/川菜/，/吃/完/感觉/中等/略/偏上/吧/。/沸腾鱼/麻麻辣辣/，/却/不如/渝信家/入味/。/蟹粉虾球/是/此次/败笔/，/腥/得/难以自拔/。/好在/担担面/还/不错/，/芥蓝/也/清脆/可口/。

（2）过滤字符和去除停用词。分完词之后，对数字、字母和连字符等进行处理。由于很难挖掘出文本中数字、字母和连字符的含义，因此全部过滤，以提高后续分类的效率。

同时，在分完词之后，需要过滤掉那些对分类来说作用很小的词汇，即停用词。停用词出现的概率较高但是对类别没有区分作用，需要删除，否则停用词的干扰将对分类结果产生很大的影响。如示例中，“网传上海滩最好吃的川菜”中的“的”就是一个停用词，它对机器理解文本没有任何的帮助，所以本书将其过滤掉。示例过滤后如下：

上海滩/最/好吃/川菜/，/中等/略/偏上/。/沸腾鱼/麻麻辣辣/，/却/不如/渝信家/入味/。/蟹粉虾球/是/败笔/，/腥/难以自拔/。/担担面/不错/，/芥蓝/清脆/可口/。

通过处理字符和停用词，在一定程度上解决在特征选择过程中造成的维度空间问题，这是很有必要的处理工作。

（3）词性标注。词性（Part of Speech，POS）标注是文本挖掘中常用的功能。词性信息能很好地消除多义词的歧义，帮助我们理解词语真实含义以及与前后词之间的关系，有助于自然语言在深层次上的理解。基本的词性包括名词、动词、形容词、副词、连词、代词、介词 7 种，但是为了进一步区分同一种词性，需要进行更细致的标注工作，如 nn 代表单数名词，nns 代表单数专有名词等。本书的分词处理和词性标注，直接使用了 Jieba 的词性标注，对所有的文本都进行预处理，得到词性标注信息。示例被词性标注后如下，其中，ns 表示地名标注，v 表示动词标注，n 表示名词标注，a 表示形容词标注。[①]

① https：//github. com/fxsjy/jieba。

上海滩/ns 最/d 好吃/v 川菜/n，中等/b 略/d 偏上/f。沸腾鱼/n 麻麻辣辣/a，却/d 不如/c 渝信家/nt 入味/v。蟹粉虾球/n 是/v 败笔/n，腥/a 难以自拔/i。担担面/n 不错/a，芥蓝/nrt 清脆/a 可口/a。

1.2.4.3 类别序列规则

序列模式（Sequential Pattern）识别是数据挖掘中的一项重要任务，主要为了获得序列数据中满足某种阈值的序列模式的集合。类别序列规则（Class Sequence Rule，CSR）是建立在序列模式基础上，通过引入类别判定，找到不同类别下具有高度相关性的序列模式。这部分技术主要应用在第 3 章的比较关系识别中。

金达尔和刘（Jindal & Liu）最早将类别序列规则应用到比较关系的识别当中。其主要步骤为：首先需要构造比较关系的关键词词典；然后将该关键词联合其词性作为一个整体，对于句子中的其他词语则只识别出它们的词性；最后将获得的由词性和比较关键词组成的序列规则作为这个类别比较关系判别的规则。实验结果表明，CSR 方法可以有效减少大量数据造成的冗余，但是这个方法要依赖于关键词的选择。本书将语言学研究成果引入到关键词词典的构建，并通过人工标注的真实语料，获得不同比较类型的关键词词语，对词典加以补充。

CSR 方法基本步骤为：首先将语料转换成序列集，构造出序列集 $S=\{s_1, s_2, s_3, \cdots, s_n\}$。然后对于每个 s 都视作项集的有序排列，标记为 $s=<a_1, a_2, a_3, \cdots, a_m>$，则其序列长度为 m，$a_i$即为项集（元素）。预先给定 2 个序列$s_1=<a_1, a_2, a_3, \cdots, a_p>, s_2=<b_1, b_2, b_3, \cdots, b_q>$，如果存在$1\leqslant j_1<j_2<\cdots<j_{r-1}\leqslant q$，使$a_1=b_{j1}, a_2=b_{j2}, \cdots, a_p=b_{jr}$，则称$s_1$是$s_2$的一个子序列，即$s_2$包含$s_1$。对于 CSR，我们将一条序列规则标记为 A→c，A 是一条序列模式，$c\in C$作为类别标志。整个语料作为数据集合 $X=\{x_1, x_2, \cdots, x_n\}$，针对其中的每一个数据元素都可以标记成$x_i=(s_i, c_i)$，$s_i$就是一个分句，$c_i$是该分句的类别标志。若 A 是$s_i$的一个子序列，就认为$x_i$包含（覆盖）CSR；如果$x_i$能够覆盖 CSR，并且存在$c_i\in C$，我们就称$x_i$满足 CSR。

1.2.4.4 计量模型

计量模型是用统计推论方法对各变量之间的关系作出数值估计的一种数据分析方法。它首先把研究数据转化为可计量的数学模型即计量模型，然后用统计推论方法加工实际资料，使这种数学模型数值化。本书第 4 章采用计量模型研究在线评论比较关系对消费者信息有用性认知的影响。

首先需要明确模型的因变量，本书采用评论的“点赞数”（评论有用性）对消费者信息有用性的认知进行度量，该指标能够显示出该评论能否影响消费者的决策。点赞数越高，说明该评论越有说服力，能够影响到消费者的有用性认知和购物决策。选取这个指标作为因变量能够比较合理地观察到一些属性对消费者有用性认知的影响。对于自变量的确定，除了已经得到充分验证的评论者属性、星级评价属性以及评论文本属性等，本书重点研究比较关系的影响。采用本书第 3 章提出的识别方法，判断所选实验数据中是否包含比较关系，以及比较关系的范畴。第 4 章建立的计量模型如式（1.1）至式（1.3）所示。

$$\begin{aligned} Helpfulness_{ip} = & C + Comp_{ip} \cdot \alpha + Reviewer\_attribute_{ip} \cdot \beta + Review\_attribute_{ip} \\ & \cdot \gamma + Rating\_attribute_{ip} \cdot \delta + \varepsilon_{ip} \end{aligned} \tag{1.1}$$

$$\begin{aligned} Helpfulness_{ip} = & C + Comp_{ip} \cdot \alpha_1 + EqComp_{ip} \cdot \alpha_2 + UnEqComp_{ip} \cdot \alpha_3 \\ & + Reviewer\_attribute_{ip} \cdot \beta + Review\_attribute_{ip} \\ & \cdot \gamma + Rating\_attribute_{ip} \cdot \delta + \varepsilon_{ip} \end{aligned} \tag{1.2}$$

$$\begin{aligned} Helpfulness_{ip} = & C + Comp_{ip} \cdot \alpha + Comp_{ip} \cdot Reviewer\_attribute_{ip} \cdot \beta + Comp_{ip} \\ & \cdot Review\_attribute_{ip} \cdot \gamma + Comp_{ip} \cdot Rating\_attribute_{ip} \cdot \delta + \varepsilon_{ip} \end{aligned} \tag{1.3}$$

式（1.1）中，$Helpfulness_{ip}$表示商品的第 i 个评论点赞数量，$Comp_{ip}$表示第 i 个评论是否含有比较关系的评论，$Reviewer_attribute_{ip}$表示第 i 个评论与评论者相关的属性，$Review_attribute_{ip}$表示第 i 个评论与评论文本相关的属性，$Rating_attribute_{ip}$表示第 i 个评论与星级评价相关的属性。式（1.2）中考虑了比较范畴，引入了$EqComp_{ip}$和$UnEqComp_{ip}$分别表示第 i 个评论是否含有同比关系评论、第 i 个评论是否含有差比关系评论。式（1.3）中考虑了比较信息是否与其他评论属性存在交互作用，分别与评论者属性、评论文本属性、评论星级属性进行交互检验。公式中的 α、β、γ、δ 表示属性的系数值，C 是常数项，ε_{ip}是随机变量。本书将基于这三个公式对第 4 章提出的假设进行合理验证。

1.2.4.5 网络分析

本书第 5 章和第 6 章将运用网络分析技术对节点间关系进行研究。网络分析是在一个由大量节点形成的网络中刻画整个网络的结构以及节点的关联性信息。本书通过商品的比较关系构建出了商品比较网络，进而通过网络分析技术探究比较网络的相关信息及其应用。网络分析涉及三个层次：整体网、局域网和个体网。整体网是指一个群体内部所有成员之间的关系网络；局域网是整体网中的一部分；个体网是在整体网中以某个目标节点为核心形成的网络。这三种网络都可以进行中心性和关联性分析。

（1）网络中心性研究。中心性是度量整个网络中心化程度的重要指标。在网络中，处于中心位置的节点相对比较重要，对其他节点有更强的影响力。网络中心性又分为点度中心度、接近中心度和中间中心度。

点度中心度分为绝对点度中心度（Degree）和相对点度中心度（NrmDegree）。Degree 是指与某个节点直接相连的主题词的个数，如式（1.4）所示。该值越大，说明与其他节点的联系越紧密，体现了该节点在网络中的地位，能够有效影响其他行动者的活动；相反，中心度越低的节点越处于边缘地位，对其他节点的影响很小。

$$C_D(n_i) = d(n_i) = \sum_j x_{ij} = \sum_j x_{ji} \tag{1.4}$$

考虑到网络的不同规模，Degree 值无法衡量其核心地位，因而 Degree 的计算是有局限的。为此，采用 NrmDegree 值反映节点在局部环境中与其他节点的关系，并不涉及整个网络有没有核心点的问题，如式（1.5）所示。

$$C_D'(n_i) = \frac{d(n_i)}{N-1} \tag{1.5}$$

其中，N－1 表示节点 i 最大可能的度数。NrmDegree 所得到的数值范围在 0～1，因为任何一个节点度数的最大值为 N－1。

点度中心度只考虑了一个节点与其他有关联节点的直接联系，忽视了与整个网络中节点的联系。如果与某目标节点存在联系的其他节点拥有较少的直接关联节点，则该目标节点就不处于核心位置。

接近中心度是指某节点到其他节点最短距离之和。接近中心度越小，表示该节点在网络中越处于核心地位，能够不受其他节点控制的能力越强。在实际分析过程中，网络必须是完全相连的。因为若某个节点与其他节点没有连接，那么这个节点的接近中心度最小，根据结论该节点应处于核心地位，但这显然与接近中心度的概念相背离，因此采用接近中心度的前提必须是完全相连的网络。同样，接近中心度也分为绝对接近中心度和相对接近中心度，分别为：

$$C_c = \left[\sum_{j=1}^{n} d(n_i, n_j)\right]^{-1} \tag{1.6}$$

$$C_c' = (n-1)C_c \tag{1.7}$$

其中，$d(n_i, n_j)$ 表示节点之间的最短距离，n－1 表示与其存在连接节点的数量。

中间中心度是用来测量行动者对资源控制的程度，即该节点在多大程度上是其他节点的“中介”，这样的节点具有“经纪人”或“守门人”的作用。如果一个节点处于许多其他节点对的捷径上，就表示该节点具有较高的中间中心度，说明该节点越多地占据资源和信息流通的关键位置。同样也分为绝对中间中心度和相对中间中心度，分别为：

$$C_B = \frac{\sum_{j<k} g_{jk}(n_i)}{g_{jk}} \tag{1.8}$$

其中，g_{jk}表示节点 j 和 k 之间的最短的路径数目，节点 i 的中介性定义为所有经过该节点的路径数目，用$g_{jk}(n_i)$表示。另外，注意节点 j 和 k 之间可能有多条最短路径，有些经过节点 i，有些不经过，假设所有路径被使用的可能性是相等的，若所有最短路径都不经过节点 i，则C_B的最小值为 0。

$$C_B' = \frac{C_B}{[(N-1)(N-2)]/2} \tag{1.9}$$

当不包含节点 i 的其他所有节点都构成一对，则最大值是$[(N-1)(N-2)]/2$。

本书研究的是节点之间的交往程度，即将各节点进行划分，寻找核心节点与边缘化节点，选择点度中心度进行适当改进，划分商品比较网络的层次与结构。

（2）网络中心势分析。除了计算网络中个体的中心度外，还可以计算整个网络的集中趋势（简称中心势），与个体中心度刻画的个体特性不同，网络中心势刻画的是整个网络中各个节点的差异性程度，因此一个网络只有一个中心势。本书采用接近中心势来判断整个网络的情况。接近中心势越高，表明网络中节点间的差异性越大；反之，则表明网络中节点间的差异性越小。

$$C_c = \frac{\sum_{i=1}^{n}(C_{cmax}' - C_{ci}')}{(N-2)(N-1)}(2N-3) \tag{1.10}$$

其中，C_{cmax}'表示网络中节点的最大接近中心度值，C_{ci}'为第 i 个节点的接近中心度值。

1.3 研究思路与结构安排

1.3.1 基本概念界定

本书将一些概念进行统一说明，便于理解，如表 1.3 所示。

表 1.3 本书相关概念解释

基本概念	定义
情感极性	消费者在评论中所表达的褒贬态度，主要有正面情感、负面情感
商品特征	评论的主体是商品，但是评论中往往是针对该商品的某一个特征或属性发表意见
比较关系挖掘	将含有比较信息的在线评论视为评价单元进行分析，抽取出其中的比较要素并计算情感极性
特征比较观点对	将评论中的比较信息通过比较关系挖掘获得主体、客体、特征和观点信息，形成了特征比较观点对 <比较主体，比较客体，比较特征，比较结果>
显性比较关系	评论中有明显的比较关键词，如“环境比其他分店好太多了”，其中的“比……好”就是明显的比较关键词
隐性比较关系	评论中缺乏明显的比较关键词，但是隐含比较关系，如“真的变化太多了，高大上啊”，“变化太大了”就是与之前进行的隐性比较
特征词	评论中描述商品属性或特征的词，如餐饮评论中的“美观”“漂亮”所指代的就是特征“环境”
比较主体	比较关系中所评价的对象
比较客体	比较关系为彰显比较主体的“好”“坏”，用做比较基准的物体，可以视为以比较客体为评价标准
比较结果	比较关系评价的结果，带有观点性质的词语或短语
平比关系	所比较的物体具有同等水平，无明显的优劣表现，有明显的关键词指示，如“差不多”“类似”“一样”等
同比关系	比较主体与比较客体为同一个物体的比较，多用来表现当前状态与之前状态的差别
差比关系	所比较的物体具有明显差别，能够显示出孰优孰劣
极比关系	通常为一个物体同时与多个物体进行比较，表达出该物体最好或最坏的评价

1.3.2 研究思路

本书结合了设计科学与计量经济学的研究范式，遵循“模型设计→模型实现→模型评价”的思路，对在线评论中的比较关系进行挖掘，研究比较信息在减少评论模糊性、增强消费者信息有用性感知的影响机制，并在此理论基础上，将其用于商品的竞争环境分析和不同商品的对比分析。

首先通过网络爬虫技术获取消费者评论；然后结合语言学、序列规则和自然语言处理等技术进行比较关系识别和挖掘，获得特征比较观点对；接着探讨比较信息在减少信息模糊性、提高信息有用性认知方面的价值，为比较关系的应用提供理论支持；最后基于这些比较信息，对两个商品间的具体比较进行量化，进而构建比较关系网络，进行竞争对手识别和竞争环境分析。研究思路如图 1.1 所示。

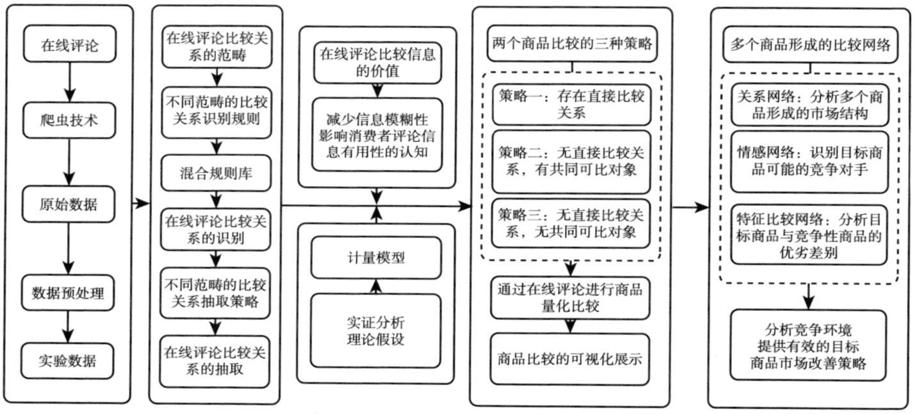

图 1.1　研究思路

（1）在线评论比较关系的识别与抽取。本书基于语言学的知识，获得中文评论比较语句的范畴，将比较关系识别转化为类别划分问题；通过部分训练数据构造出混合规则库，结合实体名词典进行评论语句的类别判断；针对识别出的比较关系评论，采用词典和信息抽取技术，提取出涉及比较的各种要素；结合情感分析和关系检测技术，计算比较关系中的具体观点值，进而将评论中的比较关系转化为特征比较观点对。

（2）评论中比较信息提高消费者评论有用性认知的影响机理。从实证研究的角度出发，采用计量经济学方法，以评论中的比较信息为影响因素，构建比较信息对消费者评论有用性认知影响的计量模型，并考虑不同比较类型以及其他因素与比较信息的交互作用对评论有用性的影响，理解比较信息在提高信息质量方面的价值，进一步探索其影响机理。

（3）通过在线评论进行商品量化比较。本书基于在线评论内容对两个可比商品进行比较，在抽取评论中比较关系的基础上，如果商品间存在直接比较关系，可以借助特征比较观点对进行对比分析；如果无直接比较关系，但是与共同的商品具有直接比较关系，可以借助共同的比较对象进行间接对比分析；针对无直接比较关系，也无间接比较关系的两个商品，本书借助评论者以往消费经历及其评价观点获取其评价准则，用于判断当前评论与评价标准的差异，再进行商品之间的比较分析。采用柱形图、饼图等可视化方式进行展示。

（4）通过在线评论进行市场竞争性分析。本书将设定一个小型市场，研究市场中所有的同类商品比较关系，通过各个商品间比较关系和社会网络分析技术建立商品比较网络。首先，建立市场中所有商品的关系网络，用于研究该市场的结构和整体的比较关系；其次，建立基于正负比较情感的情感关系网络，结合竞争指数和差距指数识别出真正具有威胁的竞争对手；最后，通过特征比较关系构造特征比较网络，分析目标商品和竞争性对手在各个特征上的差异情况，反映出市场竞争环境信息，进一步指导商品的管理者进行市场策略调整。

1.3.3 研究框架

本书主要分为五部分。一是数据收集与预处理，这一部分是基础性的工作，主要采用爬虫程序从网站中抓取原始数据。考虑到原始数据集质量不高，采用文本预处理技术对原始数据进行清理，获得最终研究用的数据集。二是结合比较的语言学知识，对比较类型进行分析，针对不同的类型采取不同的识别与抽取方法，将在线评论中的比较关系量化。从最终数据集中随机抽取部分数据对方法进行验证。三是获得量化后的比较关系，分析比较信息的有用性，探究其在减少信息模糊性、提高消费者信息有用性认知方面的重要价值，从一定程度上为在线评论比较信息的识别与应用提供理论支持。这一部分将采用第3章的方法进行比较关系识别，实证研究比较信息对信息有用性的影响机理。四是考虑到比较信息能够减少信息模糊性，并影响消费者的购物决策，相比于其他常规评论内容，能够更加客观、可靠地反映商品的真实信息。本书将其应用在商品的量化比较中，帮助消费者在面临商品选择时作出更好的决策。五是获得了两两商品之间的量化比较关系，本书发现通过这种两两比较，能够进一步形成多商品的比较网络，将所有商品的关系联系起来，形成了市场结构。本书将基于商品比较网络进行竞争对手识别和竞争环境分析，为商品管理者提供目标商品市场改善建议。本书的研究框架如下：

（1）比较关系的识别与抽取。这一部分内容对应本书第3章，旨在提出一种有效的方法对在线评论比较关系进行识别与抽取。首先通过语言学中关于比较的句型、句式分析对在线评论进行梳理，主要分为平比关系、差比关系和极比关系三种关系类型。其中，平比关系是无差异性的同级比较，为一种范畴；差比关系和极比关系属于有差异性的比较，作为另一种比较范畴。因此，本书将评论文本根据比较范畴划分为平比信息、差比信息、非比较信息三大类，然后根据各划分类别构建混合规则库进行有效识别。完成比较关系的识别工作后，需要从含有比较关系的文本中抽取和量化这种关系。基于不同比较形式构成的不同特征，本书结合信息抽取技术分别对比较主体、比较客体、比较特征和比较结果进行抽取，最终将在线评论比较关系转化成特征比较观点对，形如 < 比较主体，比较客体，比较特征，比较结果 > 。

（2）比较关系影响消费者的认知。这一部分内容对应本书第4章，旨在解释为什么要对在线评论中比较关系进行研究，探究其对消费者信息有用性认知的影响，进而挖掘出其潜在的应用价值。首先结合社会比较理论、哲学辩证法、说服模型对比较关系影响消费者信息有用性判断的机理提出多个假设，将评论有用性作为因变量，比较关系信息、评论者信息披露、评论长度、星级评价等信息作为自变量。采用计量模型建立回归方程验证各个假设，对结果进行分析，从而判断比较信息能否影响消费者的信息有用性认知，并且与哪些评论属性存在交互作用。最后，为消费者、商品管理者、评论平台提供指导建议，帮助他们认识到评论中比较信息的重要作用。本书认为比较关系信息能够减少信息的模糊性，比较客观地反映出商品的真实特征。因此，本书发现通过比较关系能够量化两个商品之间的比较情况。

（3）商品量化比较方法。这一部分内容对应本书第5章，旨在通过在线评论比较关系提供一种商品量化比较方法。在线评论中的比较关系展现了评论者对该商品和同类商品的“评测”观点，较为客观真实地说明了两个商品之间的对比情况。本书识别在线评论中这样的比较信息并提出了三种量化方法，包括整体比较、正负情感比较以及具体特征的比较。基于消费者观点将两个商品间的关系充分量化。同时，本书发现并不是任意两个可比商品之间都存在直接比较关系，因此，在考虑所有可能的比较情况后，提出了三种有效策略量化任意两个商品间的关系。第一种是存在直接的比较关系，采用特征比较观点对直接进行量化比较。第二种是两个商品不存在直接的比较关系，但存在间接的比较关系，即各自与第三个商品存在直接比较关系。采用第三个商品作为比较基准，对这两个商品进行量化比较。第三种是两个商品既不存在直接的比较观点，也不存在共同的可比对象，本书将分别考虑两个商品的每个评论者以往的评论观点，以其平均值作为评判当前观点的标准。通过这三种策略，本书能够将任意的两个可比商品进行量化比较。

（4）竞争对手识别方法。这一部分内容对应本书第6章，旨在通过在线评论比较关系提出一种竞争对手识别方法。以往的研究中对于竞争对手的识别主要来自问卷调查和内容分析，受到问卷的数量和主观性臆断等限制。本书发现在线评论比较关系在本质上揭露了与目标商品具有相同特征或功能的同类商品，而这些比较对象往往可以被认为是潜在的竞争对手。本书首先通过两两比较关系建立三个比较网络：一是通过单线量化方法构建商品整体比较网络，用于研究这些商品形成的小型市场的结构，识别哪些商品常被用于比较；二是通过双线量化方法构建目标商品的情感比较网络，并通过竞争指数和差异指数识别出目标商品的强竞争对手；三是在识别出目标商品的强竞争对手基础上，通过多线量化方法构建目标商品与竞争对手的特征比较网络，进行优劣势分析。最后基于上述三个比较网络，对目标商品的市场环境进行深入分析，提供有效的市场改善策略。

1.3.4 组织结构

全书共分为 6 章，第 1 章为绪论，第 2 章至第 6 章作为本书的主要部分。

第 1 章，绪论。本章介绍研究背景，据此提出本书着手需要解决的问题，明确研究范围；然后介绍研究思路、方法以及整体结构；最后系统地展示了本书的主要工作及研究成果。

第 2 章，研究综述。本章对观点挖掘与文本情感分析、比较关系挖掘研究、商品竞争力与市场环境分析、口碑效应的研究现状进行总结，指出国内外研究中亟须解决的重要问题和难题，从而为本书研究的必要性和重要性提供有力的理论支持。

第 3 章，在线评论比较关系的识别与抽取方法。本章首先基于语言学研究成果，探讨在线评论比较关系的范畴，将比较关系识别问题归为类别划分问题。在探讨不同类别的识别方法基础上，构建了混合规则库，并结合实体名词典进行在线评论中比较关系的有效识别。在此基础上，采用自然语言处理的相关技术和机器学习对比较关系中的各个要素进行抽取。最后通过情感分析技术计算比较关系的情感倾向性，进而获得特征比较观点对。通过餐饮行业的具体在线评论实验数据，证实相比于其他方法，本书的准确率、召回率都有明显提高。

第 4 章，比较关系对消费者信息有用性感知的影响。本章主要证明了在线评论中比较信息的价值，能够减少信息的模糊性，增强评论内容的有用性评估。通过实证的方法研究评论中比较信息对评论有用性的影响，以及不同比较类型、其他因素与比较信息的交互作用对评论有用性的影响。分析其影响消费者认知的机理，验证评论中比较信息的价值。

第5章，基于比较关系的商品量化比较方法。第3章获得的特征比较观点对为商品之间的有效“评测”提供了技术支持，第4章关于在线评论对消费者信息有用性认知的影响研究提供了理论支撑。本章通过具体的实例发现商品间的对比主要分为三种策略：一是商品间存在直接比较信息，能够通过特征比较观点对直接分析。二是商品间无直接比较，但是都与相同的可比对象存在直接比较关系，因而可以形成间接比较关系。本章将通过与共同比较对象形成的特征比较观点对间接进行分析。三是商品间既无直接关系，也不存在间接关系，本章将考虑消费者以往消费经历，构造出具有相同认知的虚拟比较客体进行比较，形成一种虚拟间接比较关系。最后，通过不同的比较策略获得两个商品间的综合比较信息、情感差异信息以及特征比较信息，并结合餐饮行业的具体实验证明本书所提出方法的有效性。

第6章，基于比较关系的竞争对手分析。本章在第3章、第4章和第5章研究成果的基础上，明确了两两餐厅之间的量化比较关系，进而通过两两比较构造出多商品之间的比较关系网络。本章选取一个设定的小型市场进行分析，构建了三种餐厅比较关系网络：一是商品关系网络，采用社会网络分析技术计算节点重要性和节点的聚类情况，用于分析市场结构，找出潜在的竞争者；二是情感关系网络，采用社会网络分析和竞争力指数、差距指数识别出具有威胁的强竞争对手；三是特征比较关系网络，结合图形可视化对目标商品和竞争性对手进行特征层面的分析，进而了解市场环境，帮助目标商品制定可行的市场调整策略。最后，通过餐饮行业的具体实例验证方法的有效性。

1.4 研究数据

本书重点关注餐饮行业中比较信息的挖掘和应用，所选取的数据都是来自餐饮在线评论。本书选择餐饮行业进行实证研究的原因有：（1）餐饮服务业以体验型服务为主，与消费者接触更为频繁，能够挖掘到的比较信息相对较多。且这些比较信息基本都是消费者真实体验过不同的服务后表达的“评测”观点，能够代表消费者对两个（或多个或同一个餐厅不同时间点）餐厅比较的认知信息；（2）相对于手机、相机、家用电器等消费型商品，消费者对餐饮服务关注的焦点主要集中在服务、环境、味道、价格、菜品、菜量、预定这七个维度上，其特征相对比较集中，特征观点比较好归纳；（3）仅在某一小块区域，同类餐厅的数量就众多，消费者常常面临多个选择，餐厅也拥有较多的可比对象成为潜在竞争对手。目标餐厅的决策者迫切想了解周围真实的竞争环境，便于自己作出有效市场策略调整。因此将比较关系研究课题应用到餐饮行业具有较大的实用价值和可行性。

本书所采用的数据是从大众点评网（www. dianping. com）提取的在线评论信息。大众点评网成立于2003年，是国内目前比较成功的第三方消费点评网站，涵盖餐饮、酒店、电影等本地生活服务行业，特别是在餐饮领域具有很高的知名度。其提供的餐饮评论信息能够在一定程度上影响消费者的购物选择。[①] 截止到2016年第二季度，大众点评月活跃用户数超过2.5亿人，点评数量超过1.5亿条，收录商户数量超过2000万家，覆盖全国2500多座城市及全球200多个国家和地区的近1000座城市。[②] 其中，主要的评论都是针对餐厅进行的评价，逐步形成了中国餐饮行业庞大的、能显著影响消费者餐饮选择的口碑资源。

面对规模庞大的口碑资源，大众点评网设计了评分和管理机制，除了消费者至少输入15字以上的文字评价信息，还要对餐厅总体表现进行打分和对味道、环境、服务三个维度进行评分。然后，网站根据这些打分，计算各个维度的平均得分和总体的星级得分。对于凭借大众点评作出决策的消

① 大众点评网，http：//www. dianping. com/aboutus。

② 和讯网，http：//news. hexun. com/2016 - 09 - 13/186004350. html。

费者，他们可以按照餐馆的类型、位置、人气（总点评数）、好评数（总体评价）、人均消费，以及服务、环境、味道多项指标进行筛选，直到找到最满意的餐厅。

1.4.1 数据采集说明

本书选择大众点评网在上海地区的餐饮评论数据，上海地区是我国餐饮行业最具规模、发展最好的城市之一，餐饮销售总额在全国城市居首位。[①] 菜系可以分为小吃快餐、本帮江浙菜、川菜、西餐、粤菜等27类，分布在卢湾区、浦东新区、虹口区、杨浦区等16个市辖区。网站还按照商圈和地铁线路划分各个餐厅，方便消费者查询。考虑到大众点评网收录了上海地区将近6.5万家餐厅及评论，数据量巨大，不利于后边的数据处理及实验，本书仅选取本帮江浙菜和四川菜作为研究数据，主要是因为这两种菜系在上海地区最受欢迎，餐厅数量占比最多。在认真比对其他菜系评论数据后，不同菜系的点评内容差异不大，主要关注菜品等7个维度，只是关注维度的权重有所差别。与其他菜系相比，选取这两种具有代表性的菜系对实验结果影响不大。

大众点评网的数据对于消费者是完全公开的，消费者能够看到餐厅全部相关信息。如点评数量、人均消费、口味、环境、服务等评分以及具体的评论内容。本书采用Python编写爬虫程序抓取上海大众点评网中本帮江浙菜和四川菜类别下的所有数据，抓取的所有信息保存在MySQL数据库中。常见的爬虫策略包括深度优先策略和广度优先策略。本书选取的深度优先策略，试图挖掘全部深度，直到所有深度的数据被收集完。具体的数据收集过程分为6个部分：（1）从大众点评上海站主界面出发，在“全部分类”中点击“美食”，进入到餐饮类别界面，然后分别点击“菜系”类别下的“川菜”和“本帮江浙菜”，采用Python程序通过HTML页面抓取两个类别下所有餐厅的

---

① 2017年版中国上海餐饮市场现状调研与发展前景趋势分析报告。

链接地址（例如“http：//www. dianping. com/shop/10343770”），将餐厅链接地址集合写入 txt 中。（2）在 MySQL 中创建“餐饮数据库”，建立“川菜餐厅信息”和“川菜餐厅评论”，“本帮江浙菜餐厅信息”和“本帮江浙菜餐厅评论”共四个表格，设置好表格中的列名称及其属性。通过 txt 中餐厅的链接地址链接到各个餐厅主界面。Python 程序首先抓取餐厅编号、餐厅的名称、评论数量、人均价格、口味、环境、服务评分、所处区域等餐厅整体信息，这些信息存储在“川菜餐厅信息”和“本帮江浙菜餐厅信息”表格中。（3）在餐厅主界面抓取餐厅编号和所有在线评论信息，包括评论者个人信息和评论信息。评论者个人信息有评论者名称、贡献值、个人头像，评论信息包括星级评价、口味、环境、服务打分以及整个评论文本，最后抓取评论的时间和评论获得的点赞数（即评论有用性），所有数据存储在“川菜餐厅评论”和“本帮江浙菜餐厅评论”表格中。（4）将上述数据进行整理，注意到评论数量较少的餐厅包含的有价值评论较少，新开的餐厅短时间内很难形成口碑效应，因此为了尽可能获得高质量的信息，本书删除评论数量少于 100 条的餐厅。同时考虑到评论数量过于巨大（实际上，很多餐厅评论总量在万条以上），本书只保留了 2018 年 1 月至 2019 年 5 月之间的评论文本。（5）对于所有的在线评论文本，进行初步筛选，删除非中文的评论文本，删除了评论长度小于 20 个字的评论，删除了评论中的特殊字符（如@、*、#等）。（6）对于数据库中剩余的评论文本，采用文本挖掘技术进行数据预处理工作，根据 Python 的 Jieba 包对所有评论文本进行分词处理，删除无实际意义的停用词。然后对分词后的信息进行词性标注，便于后续具体任务的数据处理工作。

1.4.2 实验数据概述

经过上述的处理步骤，收集到的餐厅信息和评论信息数据如表 1.4 所示。本书所用实验数据均来自表 1.4。

表1.4 收集到的数据

餐厅数量（家）	川菜	5130	13650
	本帮江浙菜	8520	
抽取的评论数量（条）	川菜	684895	1765135
	本帮江浙菜	1080240	

1.5 研究成果

本书从技术、应用及理论支持三个角度，对在线评论中的比较关系信息进行系统性地研究，从而加强对在线评论内容的深层次挖掘及其商业价值的研究。具体研究内容和研究发现如下：

1.5.1 在线评论比较信息相关研究综述

在线评论中的比较信息研究属于情感分析的子领域，通过文献分析，归纳总结出相关的研究成果——观点挖掘与文本情感分析、比较关系挖掘、竞争环境分析、比较信息的有用性探索。

（1）观点挖掘与文本情感分析。识别评论中的比较信息属于深层次文本挖掘，其相关研究正是建立在情感分析的研究成果基础上，所采用的技术以及分析方法依托于情感分析的成果。观点挖掘与文本情感分析已经在各行各业得到广泛应用。本书将情感分析相关研究归纳为情感极性研究、情感强度研究、情感分析的应用三部分，并提出了当前所面临的一些问题：各类语义成分的识别精度不高；缺乏统一标准的语料库和词典；网络词和一些新词的干扰；不同语境的干扰。同时，本书也指出了未来值得关注的领域：标准语料库的建设和评价体系的建立；上下文关系的进一步理解；多商品的情感比较识别；情感分析的进一步应用。

（2）比较关系挖掘。比较关系挖掘作为深入的情感分析技术，近年来引起了学术界和工业界的重点关注。其能够提供情感基准帮助消费者和管理者更好地对商品进行评估。本书归纳了主要的研究成果，包括比较关系识别研究、比较关系要素抽取研究、比较观点应用研究。相关研究已经表明了比较信息在实体排名、优缺点识别、企业关系识别方面的巨大价值。但是，该领域的研究尚处于探索阶段，面临以下亟须解决的问题：缺乏标准的比较语料库；在线评论中的比较句识别准确率有待提高；隐形比较关系的识别有待深入；比较关系要素抽取效果有待改进；比较结果的情感倾向性及其强度需要深入；比较观点的应用值得挖掘。

（3）竞争环境分析。比较关系实质上包括了所有实体间的联系，如“相似性”“绝对性”“差别性”。无论是某个企业、某个商品、某个人，在市场环境中都不会是孤立的，必然和其他企业、商品、人存在着某些联系。特别是商品，总会面临着其他商品的竞争，这种竞争本身就是一种比较关系。多个商品之间的竞争就形成了比较关系网络，在这个关系网络中能够发现某个目标商品的竞争对手信息。本书归纳了竞争环境分析的相关研究，包括：面向商品的关系网络分析，竞争对手识别，商品对比分析。本书发现了一些值得关注的方向：商品网络关系；从社交媒体中发现竞争对手；借助社交媒体，全面地进行商品对比研究。本书认为在线评论中的比较信息可以很好地与商品竞争环境分析相结合，一些研究已经证实了两者的高度相关性。

（4）比较信息的有用性探索。评论所带来的口碑效应已在许多研究中得到证实，但是大多数评论内容不能引起消费者的信任。近年来，越来越多的学者致力于评论有用性的研究当中，发现了诸如评论者特征、文本特征等影响因素。比较信息作为一种有说服力的表达方式，提供了风险认知信息，能够显著影响人的态度改变。本书归纳了与比较信息有用性相关的研究成果，包括：评论产生的电子口碑效应，评论的有用性研究，比较信息的有用性探索。本书认为，评论中的比较信息是评论内容具有深度、高质量信息的表现，因而能够显著影响消费者的认知，这在一些初步研究中已经得到验证。

1.5.2 在线评论比较关系的识别与抽取

与含有单一商品信息的评论文本相比，含有比较关系信息的评论文本提供了情感表达的基准，能够更好地评判当前的评价对象。因此，含有比较关系信息的评论文本被认为信息含量更高，内容更客观。对评论中这种比较观点的挖掘是当前的热点，其作为情感分析的子领域，属于文本内容的深层次理解。随着评论数量的快速增长，评论中大量的比较关系很难通过人工识别。因此，对这些观点的自动挖掘需求逐渐凸显。已有研究主要关注英文比较关系的挖掘，较少涉及中文观点挖掘。此外，与英文相比，中文句式更加复杂。本书针对中文在线评论提出了一种根据比较句的次范畴判别语料类型的比较关系识别方法，将人工模式库与类别序列规则相结合，构造了比较关系混合规则库。在此基础上，进行实体名的二次识别，最终实现较高的准确率和召回率。

本书结合中文在线评论的特点，选取大众点评网的不同菜系数据作为实验对象，选取训练集和测试集，通过实验结果（机器标注结果）与实际结果（人工标注结果）的对比，从而分析实验方法的优劣。

（1）构造混合规则库。首先，利用训练集语料提取餐饮评论中常用于表达比较的关键词。针对标记为平比关系的语料，同时提取平比关系语料中的比较关键词和比较结果关键词，对于标注为差比关系的语料，则只提取该语料的比较关键词，人工构建关键词同现模式。其次，以分句为单位，从包含有关键词的分句中提取关键词及其词性。分句的其他部分只保留词性，获得最终序列规则。并通过标记的类型生成候选类别序列规则（Class Sequential Rules，CSR）。再次，在设定多重支持度和最小置信度的基础上，筛选出可以用于进行比较句判别的规则。最后，将最终获得的 CSR 规则与人工构建的关键词同现模式相结合，构建出混合规则库，利用规则库对测试集进行比较句识别和分类。

（2）比较关系识别。首先，扫描同现关键词词典，抓取所有包含比较关键词的语料作为候选语料。其次，根据混合规则库中的差比 CSR 规则对差比关系进行判别，为候选差比语料添加差比标识。再次，对于判别为非差比关系的语料，根据平比同现规则，进行平比关系的判别，为候选平比语料添加平比标识。最后，针对所有判别为比较关系的候选语料，扫描实体名词典进行二次识别，若当前语料扫描词典失败，即无匹配实体名。同时，若标识非自比和非极比，则删除该语料类型标识，获得最终的比较关系判别结果。

（3）比较关系抽取。识别出比较关系后，进一步的工作需提取出关系中的比较成分。一个标准的比较关系包括：被比较的物体（比较主体），用来作比较基准的物体（比较客体），两个物体具体的比较细节（比较特征），以及细节比较的结果（比较结果）。具体抽取如下：

①每个评论都是对当前的评价对象发表的观点，评价对象即为比较主体。由于提供点评功能的评论平台都是按照商家进行归类的，所以消费者在阅读评论的时候都能明确知道该评论的比较主体。对于比较主体的抽取，当前评价对象的名称即为比较主体抽取出的要素。

②对于比较客体的抽取，分为三种情况：第一，对于标有自比标签的语料，比较客体即为比较主体，抽取的客体信息就是评价对象名称。第二，对于标记为极比比较关系的语料，由于数量较少，比较客体将从消费者之前的经历中，通过人工辅助获取。如“味道算是附近最好的啦”，将消费者以往评论中与该评论主体地理位置最接近的对象作为比较客体。第三，对于标记为非自比和非极比的语料，提取其中的名词成分。

③比较特征一般通过两种方式识别：一是特征词通常是名词或名词短语的形式，例如“环境”“味道”“停车位”等；二是特征与观点词形成特征观点对，隐藏特征，如“其他都不错，就是有点乱哄哄的”通过“乱哄哄”可以指示特征“环境”。

④比较观点的量化研究实际上就是句子层面的情感分析，只是涉及了两个以上实体间的关系。因此，本书除了考虑比较观点词本身的情感倾向之外，也要考虑到整个句子中出现的其他成分。在比较句“A 比 B 好看”中，通常将位于比较词（比）前的实体（A）作为比较主体，位于比较词后的实体（B）作为比较客体。但是，评论中的表达灵活多变，一些表述将比较主体放

在比较词之后，而将比较客体放在比较词之前，如例句“外婆家的红烧肉也比这里（老克勒上海菜）的好吃”，需要确定主体和客体的位置信息，这会影响到比较结果的情感方向。因此，同时考虑比较类型、位置信息、情感极性等信息，采用公式计算情感方向。

（4）研究通过测试集数据测试了本书所提出方法的准确率和召回率。实现了85.99%比较关系识别准确率和97.61%的召回率，比较要素的抽取准确度均大于92%。

1.5.3 比较关系对消费者信息有用性认知的影响

已有研究证明了评论能够形成电子口碑效应，显著影响销量和消费者的认知，但并不是所有评论都能起到说服效果。因此，许多学者关注评论有用性的研究，逐步获得了评论者身份、文本长度、评论极性等显著影响评论有用性的因素。但是，从评论内容上进行探索的研究较少。以往的研究主要关注的是具有单一商品评论的文本，而评论中实际上存在着一定数量的含有比较关系的评论，这样的评论相对于单一商品评论文本更具有说服性和可信度。这是因为比较作为一种常见的极具说服力的评价方式，通过与比较基准的对比，突出当前商品的优劣，表达其满意与否的程度。通常单一商品评论内容只是针对当前评价对象作出的“好”“坏”评定。但是，由于缺乏一个统一的评价标准，无法真正理解当前对象是否为“真的好”或“真的坏”。很多研究探索了比较关系信息对于人类信息有用性认知的影响，本书主要考虑在线评论中比较信息对消费者的影响，将比较信息与评论有用性相联系，采用实证分析的方法进行论证，提出了6个假设，构造了8个截取回归模型进行论证，主要获得以下结论：

（1）评论中的特征比较关系信息能够显著提高消费者对信息有用性的判断。本书从心理学、广告学以及哲学角度进行梳理，认识到比较关系信息所具有的属性：第一，体现了评估作用，引入了一种比较基准，社会比较理论指出在缺乏客观标准时，只有通过比较才能满足评估需求；第二，增强说服力，比较是一种有力的说服方式，增强了信息的可信度，通过对比会渲染出表现较差物体的负面效果，从而衬托出在比较中占有优势一方的表现；第三，比较关系信息促进了对事物的认识，任何商品的“好坏”并不是绝对的，而是一个相对概念，人类的所有认知都是来自比较，没有比较就没有认识。回归模型的结果也证实了比较关系信息确实能够提高信息有用性的认知价值，作为一个显著的影响因子提高消费者对评论有用性的判断。

（2）不同的比较信息类型对消费者信息有用性的认知影响无显著性差异。根据第 3 章的研究成果，比较的范畴可以分为平比和差比两大类。其中，平比展示了与其具有同等水平的商品，差比表达了商品之间的差异。但是，本书的结果发现，不同比较范畴对消费者的信息有用性认知并没有显著差异。

（3）评论中比较关系信息与评论者身份、评论长度、评论极性存在交互作用。具体表现：第一，模型显示了比较关系信息与评论者身份的交互与评论有用性显著正相关，表明评论者身份能够调节比较关系信息对评论有用性的影响，具有较高贡献值的评论者发布的比较关系信息对信息有用性认知的影响更强烈；第二，模型表明比较关系信息与评论文本长度的交互作用显著影响信息有用性的认知，评论文本长度能够调节比较关系信息对信息有用性的影响，在较长评论文本中的比较关系信息对信息有用性认知的影响更显著；第三，模型表明比较关系信息与评论星级评价的交互作用显著正向影响信息的有用性认知，星级评价能够调节比较关系信息对有用性的影响，具有较高星级评论中的比较关系信息影响更强烈。

（4）本书的研究结果对商家和提供评论的平台都有积极意义。评论者发布的这些比较关系信息揭示了该消费者在购买不同商品后的使用体验，商家可以从中发现哪些商品与自家的商品类似，具有竞争关系，将这些比较关系信息综合起来，建立商品竞争网络；进而分析商品所面临的竞争环境，以及与竞争对手相比自家商品的优点与缺点；最终帮助商家制定有效的市场改善策略。对于提供评论的第三方平台，如大众点评网，它们重视的是用户数量和点击率。因此，提供高质量的信息是平台最重要的目的之一，有效识别出含有比较信息的评论文本是很有意义的。此外，从这些文本中可以提取出来自消费者的商品“评测”信息，完全基于消费者的观点进行两个或多个商品的对比分析。这不仅能极大地提高网站的价值，并且能够辅助消费者的购物决策，吸引更多的用户浏览。

1.5.4 基于比较关系的商品量化比较研究

消费者在购物过程中常会面临选择，通过尽可能地搜集信息获取商品在各个特征上的表现，从而作出最好的决策。主要的研究仍以人工内容分析为主，通过搜集社交媒体的评论数据进行商品比较。另外，一些致力于为消费者提供建议的网站提供商品“评测”服务，通过实验的形式比对两个商品。但这种形式所作出的商品比较是有限的，因为耗费人力成本和经济成本。本书提出了一种自动化的方法进行商品之间的对比分析，主要采用的是从评论中提取的商品比较关系信息。

（1）三种图形展示比较信息。本书在张等（Zhang et al.，2013）研究基础上，提出三种量化分析方法：一是单线量化方法。不考虑特征，直接体现两个商品之间的整体情感倾向，箭头方向指向表现较好的商品。二是双线量化方法，即双线图。不考虑特征，展示两个商品的正向和负向情感比较，箭头方向指向表现较好的一方，并通过饼图说明正负评论观点比例，通过柱形图展示正负观点的平均分值。三是多线量化方法。考虑特征，在每个特征上进行比较，箭头方向指向特征具有优势一方，并通过柱形图进行两两比较，数值为正向情感的整体比例，通过雷达图进行多个商品比较，数值为该特征上的正负情感的总平均分。

（2）针对两两可比商品进行比较，包括三种策略：第一，存在直接比较关系，即评论中存在关于两个商品直接比较的信息，综合特征比较观点对商品进行比较。第二，无直接比较关系，有共同可比对象。部分商品没有搜集到直接比较的信息，但是都与同一个（或多个）商品存在比较关系。将两个商品分别与共同可比对象进行比较，将其视为比较基准，最后进行二者的间接比较。第三，无直接比较关系，无共同可比对象。极少的商品既没有直接比较信息，也缺失共同可比对象，将考虑通过评论者的评价标准进行比对。假设评论者在未进行评论前认知是一致的，通过一些餐饮经历获得其评判的标准，当前的评论是建立在该标准之上的观点。通过这样的假设获取以评论者过往经历认知为比较基准的特征比较观点对，然后以共同的比较客体为基准对比较主体进行比对。

（3）本书通过实验将从在线评论比较关系中获得的商品量化比较结果与内容分析的结果相比较，发现二者在分析中能够互相支持，本书的方法体现了较好的效果，能较真实地体现商品对比情况。该方法也可以应用在其他领域商品或者企业、品牌之间的对比研究中。

1.5.5 基于比较关系的竞争对手分析

在线评论中的很多观点只是简单地表达“好”和“坏”，缺乏“好”和“坏”的评价标准，这些观点未必能真正体现当前商品的客观价值。相对于简单的评价观点，含有比较关系的评价观点更具有研究价值。通过比较的形式提供比较观点涉及两个或多个商品的对比信息，被用来参考的商品实际上充当了一种评价标准。因此，这种观点拥有更高的价值和可靠性。因此，含有比较关系的评论语句是消费者在使用过商品或者体验过服务后发表的基于自身经历的一种“评测”信息，体现了消费者对这两种商品比较后的认知。比较说明了两个商品间存在着直接联系，能够识别为当前商品的潜在竞争对手。此外，有研究表明从消费者认知中获得的竞争对手信息才是真正有效分析竞争对手的策略。评论中众多的比较信息也将多个商品之间的潜在关系联系起来，形成了商品关系网络。本书就从在线评论中的比较关系中寻找商品之间的竞争性联系，进而识别目标商品的竞争对手信息。

（1）基于单线量化方法的市场结构分析。在线评论中提取的特征比较观点对显示出商品之间的联系，通过这种联系，本书构造了商品整体比较网络。两个商品间只要存在比较关系，即可形成一条有向连线，连线的权重为二者的综合比较情感，并且箭头方向指向具有优势的一方。通过网络分析方法，发现网络中各个商品所处的位置信息。一些节点根据存在直接比较关系节点的数量差异将会分到不同的类别，常被用来比较的商品在网络中处于相对重要的位置，趋向于中心；很少用于比较的商品会逐渐远离网络中心，被边缘化，通过聚类研究可以了解这个网络所形成的商品市场结构。

（2）基于双线量化方法的竞争对手识别。在商品的整体比较网络中，选取目标商品作为研究对象，分析其可能存在的竞争对手。与目标商品存在直接比较关系的商品有多个，存在间接比较的对象也有多个，通过网络分析技术计算出的最短路径，抽取出与目标商品存在直接比较关系和间接比较关系的节点。这些节点可以视为潜在的竞争对手，但是并不一定对目标商品造成显著威胁。本书认为，对目标商品能够形成威胁，需要满足两个条件：一是对手具有强竞争力；二是对手与目标商品整体水平较为接近。太强和太弱的潜在竞争对手都无法在短时间内缩短与目标商品的差距。因此，需要分析这些竞争对手，从中筛选出具有强竞争力并且与目标商品较为相似的对象。本书提出竞争力指数和差异指数来进行评判。竞争力指数是用于分析该商品在当前网络中整体的情感倾向性，如果该消费者认为该商品拥有的直接比较关系的商品数量较多，并且与这些对手相比都占据着绝对优势地位，该商品整体的竞争力相对较高。差异指数体现的是在比较中，目标商品与较为相似的可比对象之间的情感差异。然后将竞争力指数和差异指数进行标准化，统一量纲计算二者差值，作为目标商品竞争对手强弱判断的依据。

（3）基于多线量化方法的商品特征比较。在识别出强竞争对手后，将目标商品与这些竞争对手在特征上进行比较，了解与竞争对手相比自身的优势与劣势。在各个特征上，首先，将目标商品与竞争对手进行两两比较，采用柱形图的方式展示比较结果。其次，以目标商品作为基准，各特征数值得分为0，竞争对手与目标商品的特征比较值作为这些商品的特征得分，通过雷达图显示多个商品的比较结果，挖掘出目标商品的绝对优势与劣势。最后，通过分析，帮助决策者了解目标商品的竞争环境、自身的优势和劣势，为进一步市场改进策略提供指导和建议。

(4) 实验。通过特定区域的餐饮行业实验证实该方法的有效性，并与内容分析结果相互支持，展现了通过比较关系信息分析竞争对手的可靠性。本书虽然选取了餐饮服务行业，但方法同样可以在其他行业或领域应用，并且在分析企业层面的竞争关系上相信会体现出更强大的实际价值。

1.6 研究展望

本书围绕在线评论中比较关系的识别、抽取、应用以及理论基础进行了探索，并取得了一定成果。但是，研究中认识到很多方面还处于探索阶段，存在一些亟待解决的问题。本书认为今后还需从以下几方面展开深入研究：

(1) 以比较信息为主的语料库急需构建。当前关于比较关系的识别与要素提取研究，基本上都是基于不同的语料进行分析的。方法之间的比较不够充分，有必要建立一个包含多个领域的比较语料库，便于进行识别、提取以及观点挖掘等一系列的研究工作，可以作为不同技术之间优劣的评判。

(2) 隐性比较信息的识别。本书主要针对的是显性比较信息，但是在研究中发现无论是评论还是社交媒体中存在着相当数量的隐性比较形式，如评论“外婆家、小南国、新白鹿这几家味道好”是以并列形式体现的隐性表达。对于这类信息的识别是对本领域的有益补充。

(3) 特征的权重需要考虑。本书在研究中发现，评论中的比较信息集中在几个主要特征上，如在餐饮领域，消费者更关注味道、价格方面的比较；在手机领域，消费者更重视反应速度、电池方面的比较。将各个特征的权重考虑进来，能够使分析结果更接近真实情况。

(4) 消费者的评价标准有研究的价值。本书注意到，对于每个评论，消费者都是根据自身评判标准进行观点展示的。通过与以往评论信息的比较，能够有效发现当前评论中的实际观点，是“真的好”还是“不够真的好”。通过消费者以往的评价内容，构造出该消费者内在的标准是极其有意义的。

（5）在线评论比较信息的应用价值值得重视。当前对比较信息的应用主要集中在商品比较、观点整合、产品优缺点检测、商品排名等领域。实际上，其具有更广泛的应用前景。如自比信息透露出的商品（企业、品牌）持续改进能力，通过比较发现人物观点信息的前后差异，通过比较进行物体间关系的聚类。

（6）在线评论比较信息的进一步检验。本书发现，尽管比较信息的类型（平比关系和差比关系）并没有显著的差异，但是，比较信息中包括了其他形式，如向上比较（与比自己好的物体比较）、向下比较（与比自己差的物体比较）、自比（与自己比较）等比较形式，是否会对评论的有用性有显著影响，这也是本书接下来将继续跟进的一个方向。

（7）本书所提出方法的改进。本书在研究中对两个商品的量化比较均采用比较简单的计算方式，如商品之间的整体比较分值、特征情感分值等都采用了平均值，且对所有的评论文本认为是等权重的。接下来的研究中考虑引入评论有用性作为特征比较观点对的权重值，提升来自高有用性评论文本的比较观点的权重值。

第2章 研究综述

2.1 观点挖掘与文本情感分析

观点挖掘也称为情感分析，是伴随着互联网蓬勃发展而出现的一个较新的跨学科领域，涉及自然语言处理、计算语言学、机器学习、数据挖掘、信息检索、心理学和人工智能等。本质上属于文本分类问题，但是与传统的基于主题文本自动分类相比，该研究主要用来判别文本中所表达的观点、喜好、感受和态度等信息。目前，情感分析技术已经广泛应用于产品推荐、品牌认知、舆情分析、文档归类等。

情感分析主要是针对主观性文本，如图2.1所示。其需要从大量数据中获取主观性数据，因为这些数据蕴含着真实情感。情感分析的任务主要分为情感极性和情感强度识别。情感极性识别即识别文本的情感是肯定、中立还是批评，通常用1（肯定）、0（中立）、－1（批评）来表示。情感强度识别则是对文本情感倾向性强度的判断，比如可以分为很好（2）、较好（1）、一般（0）、较差（－1）、很差（－2）五个类别。本节分别从情感极性与强度、情感分析方法、情感分析应用介绍相关研究成果。

2.1.1 情感极性研究

情感极性研究就是一个判断文本为正面或负面叙述的分类问题，通常要借助于词语的感情色彩来初步判断，然后再从句子或文本整体进行分析。下面分别从词语、句子、文本整体来进行说明。

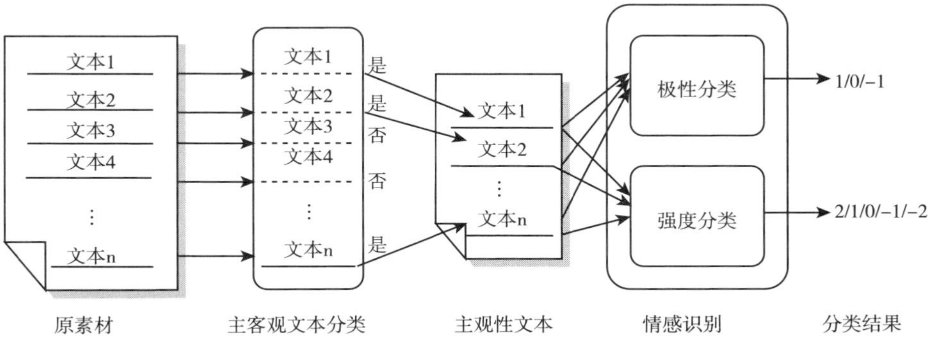

图 2.1　情感分类的主要过程

2.1.1.1　词语情感极性研究

（1）基于词典的识别方法。很多词语能够表达情感的倾向性，中文如“好”“真棒”属于褒义词，“差”“劣质”属于贬义词；英文中的“better (更好的)”“more beautiful（更漂亮的）”同样是正面词汇，“bad（坏的）”“dirty（肮脏的）”属于负面词汇。通常，具有情感倾向性的词语以动词、形容词和副词为主，可以通过词典获取褒贬性（Deng et al.，2016）。这些是能够直接识别出褒贬的词语。但是，文本中存在着大量词语需要借助上下文来判断它们的极性。以手机为例，“电池用好快”“屏幕太大了”，这里的“快”和“大”实际表达的是负面情绪。如果不结合上下文分析，这类词语的识别难度较大（Cambria，2016）。常用的一些词典如表 2.1 所示，英文词语情感倾向性信息主要是在 GI 评价词典（General Inquirer）和语义词典（WordNet）上扩展得来的；中文的主要是通过知网词典（HowNet）获得。表 2.1展示了目前主要的情感词典，已被广泛应用于各类研究工作。其主要过程为：根据已知的词语极性信息，对于一个情感倾向未知的新词，在词典中找到与该词语义相近并且在已知极性集合中出现的若干个种子词，借助这几个种子词的极性对该词的情感倾向进行推断。这类方法的主要问题在于：对种子词数量的依赖比较明显，很多同义词并不一定具有相同的褒贬性，存在着偏差。

表 2.1　　知名情感词典

文献	词典	数量	语言	资源
Stonel et al. , 1966	General Inquirer	4206	英文	http: //www. wjh. harvard. edu/ ~ inquirer/homecat. htm
Strapparava & Valitutti, 2004	WordNet – Affect	1587	英文	http: //wndomains. fbk. eu/wnaf-fect. html
Baccianella et al. , 2010	SentiWordNet	147306	英文	http: //sentiwordnet. isti. cnr. it/
Deng & Wiebe, 2015	MPQA	8221	英文	http: //mpqa. cs. pitt. edu/
Cambria et al. , 2016	SenticNet	50000	英文	http: //sentic. net/downloads/
Fu et al. , 2017	HowNet	17887	简体中文和英文	http: //www. keenage. com/html/c_bulletin_2007. htm
Ku et al. , 2006	NTUSD	11088	繁体中文	https: //github. com/bingo4508/facebook-sentiment-analysis/tree/master/lib

（2）基于语料的识别方法。基于语料的方法主要是通过对文本进行词性标注与情感标注，然后结合词语之间的共现信息或句法规则等计算词语的情感极性（Balahur et al. , 2014）。表 2. 2 展示了采用语料库进行情感分析的一些研究。通常做法是在语料库中选取部分数据进行人工情感标注，获得具有正面、负面极性的词语作为种子词，接着通过词语共现计算目标词与种子词的语义关联性，最后基于关联性的差值判断目标词的极性。选用的语料主要有人工标注和现有语料库，包括语义词典（WordNet）语料、康奈尔（Cornell）电影语料、斯坦福（Standford）电影语料等（Hassan et al. , 2014；Du et al. , 2010），主要设计的方法包括点互信息（Pointwise Mutual Information, PMI）、潜在语义分析（Latent Semantic Analysis, LSA）、Markov 随机游走模型（Markov Random Walk, MRW）等（Turney & Littman, 2003）。但是单纯基于词语共现的方法忽略了观点极性可能会随着上下文语境而变化，因而整体的识别准确率不太理想（Ghazi et al. , 2014；Kamps et al. , 2004）。一些研

究明确提出，要借助上下文语境进行分析，这就涉及了分析句子整体的倾向性。

表 2.2 基于语料的文本情感分析研究

文献	数据	方法	结果（准确率）（%）
Turney & Littman, 2003	3596 人工标注词语	点互信息（PMI）和潜在语义分析（LSA）	82.8
Kamps et al., 2004	WordNet 语料	图论模型和相似性	68.19
Kanayama & Nasukawa, 2006	日语语料库	无监督方法	94
Du et al., 2010	酒店、电子产品和股票评论数据	信息瓶颈方法	81.2
Hassan et al., 2014	WordNet 语料	Markov 随机游走模型（MRW）	82.1
Ghazi et al., 2014	WordNet – Affect, Prior – Polarity 词典, NRC – Emotion 词典	无监督方法	>60
Wang et al., 2015	KSL 和 KMS 语料	模糊计算模型	>75
Deng et al., 2016	Cornell Movie 评论数据和 Stanford Large Movie 评论数据	基于 L_1 正则的优化模型	>77

2.1.1.2 句子情感倾向性分析

基于上述研究可知，词语情感分析处理对象是单独的词语或者实体，而句子情感分析的对象就是上下文的语句。处理的基本方式包括（Socher et al., 2013）：对语句进行分词和词性标注；提取出能表达情感倾向的词性组合用来计算语句整体情感。主要研究分为：将表达主观情感的词语与上下文相结合计算句子的情感（Wang et al., 2017；Tang et al., 2014）；通过句间关系计算情感（Yang & Cardie，2014；Zhang et al.，2013）。

（1）结合情感词汇与上下文的识别。这部分研究通常利用句子中词汇或词组的情感特性，再通过上下文的衔接或转折等关系，或借助句法分析来判断句子的极性。有时句中含有多个词语或词组，需要加权得到其情感平均值。常用的方法包括情感分析树库、机器学习、语义特征等，如表2.3所示。这几项研究在各自的数据集上总体的识别效果很好，但是方法有些烦琐，需要进一步改进。

表2.3　　　　结合情感词汇与上下文的情感识别研究

文献	数据	方法	结果
Choi & Cardie，2008	MPQA语料	合成推理规则（CRI）与基于学习的方法	准确率最高达到90.7%
Nakagawa et al.，2010	ACP、KNB、NTC-J等语料	结合带有隐藏变量条件随机场的依存树模型	明显优于基于词袋模型的方法，准确率最高达到86.1%
Socher et al.，2013	10662个电影评论	情感分析树库与递归神经张量网络	准确率达到85.4%
Tang et al.，2014	Twitter情绪分类基准数据集	在C&W模型基础上引入情感信息的词嵌入技术（SSWE）	明显优于其他模型

（2）通过句间关系识别情感。评论语句之间存在极其紧密的联系，比如相同的主语、相同的时间和地点，前后的衔接往往具有因果、顺接、转折、比较等关系。因此，通过研究句子之间的关系也能够预判句子的情感。相关研究如表2.4所示，如采用无监督方法，结合支持向量机（Support Vector Machine，SVM）和语义序列表达（Semantic Sequential Representations，SSRs）成功获取前后语句间的情感变化（Zhou et al.，2011）；构建基于话语连接器的潜变量主观表达模型，对电影评论数据进行情感分析（Trivedi & Eisenstein，2013）。总体比较，这种方法的识别效果不如结合情

感词汇的上下文的识别技术，但是该方法对一些复杂句子的情感表达效果要优于单独的情感词汇识别。如针对这样一个评论，“我并不是十分讨厌这家的饭菜味道，也有点喜欢他家的环境和氛围，只是这服务态度，怎能让人不生气呢?”在这个评论中，通过句间关系“不是……也……只是……”能够很容易判断出对于“服务态度”的情感。上下文词汇与句间关系的结合相信将会产生更好的识别效果。

表2.4　基于句间关系的情感识别研究

文献	数据	方法	结果
McDonald et al.，2007	儿童座椅，健身器材，MP3播放器产品评论	结构化模型	最优，整体准确率62.6%
Somasundaran et al.，2008	AMI语料	观点框架、观点目标关系	准确率67.6%，F-measure 46%，综合优于其他方法
Zhou et al.，2011	NTCIR7 MOAT中文语料	无监督方法，支持向量机（SVM）+语义序列表达（SSRs）	准确率81.13%，表现最好
Trivedi & Eisenstein，2013	50000英文电影评论数据集，5000西班牙语电影评论数据集	基于话语连接器的潜变量主观表达模型	英文识别的准确率达到91.36%，西班牙语达到79.8%
Zhang et al.，2013	Buzzillions的数码相机评论数据	马尔科夫逻辑网络（MLN）、可解释的句间关系	主观性分类准确率达到79.2%，关系抽取准确率达到56.2%，综合最优
Yang & Cardie，2014	包含14个产品，638条评论的数据集，包含294条评论的多领域亚马逊数据集	极性词汇、语言知识约束条件下的上下文感知方法，通过后验证则训练CRF	两个数据集准确率分别达到82.7%和70.6%，最优

2.1.1.3 篇章情感倾向性分析

从文本整体角度来看，词语是点，句子是线，整个文本是面。基于句子的情感分析，可以进一步对篇章进行情感分析。如表2.5所示，一些研究工作集中在整体性的文档，主要任务是挖掘新闻文本、商品描述文本的总体褒贬态度。如采用层次情感空间模型，针对博客文章，将多个句子情感作为段落情感，将所有段落情感视为博客整体的情感，借助极性词语和短语，判断出全文的情感表达（Quan & Ren，2010）；有研究结合词典和机器学习模型，对Twitter全文进行分析，效果比基于最大熵和基于特征分析的模型要好（Khan et al.，2015）；还有学者提出来三阶段级联模型，首先进行混合极性转换检测，然后如果遇到否定语境，消除极性转换，最后建立基于极性转换的集合模型，达到了较高的全文识别效果（Xia et al.，2016）。

表2.5　　篇章情感识别研究

文献	数据	方法	发现
Quan & Ren，2010	500篇中文博客文章	层次情感空间模型，从句子到段落再到篇章逐步计算情感	动词、名词、形容词、副词是情感的标记，整体文档情感的69%能通过极性词或者短语识别
Ghiassi et al.，2013	Twitter数据	基于N-grams和统计分析的特征约简，建立Twitter-specific词典，搭建基于支持向量机（SVM）和动态人工神经网络（DAN2）的情感分类模型	基于Twitter-specific词典的识别效果更好，基于DAN2情感分类模型优于SVM
Kiritchenko et al.，2014	SemEval-2013提供的测试数据	综合语义和情感特征的有监督统计文本分类方法	在Message-level水平上的F-score为69.02，Term水平上达到88.93

续表

文献	数据	方法	发现
Khan et al.，2015	Twitter 数据	结合基于词典和基于机器学习的 Twitter 情感分析模型	优于基于最大熵，基于特征的情感分析技术，达到 85.4% 的平均准确率
Xia et al.，2016	来自亚马逊的书籍、DVD、电子产品、厨房用具评论	三阶段级联模型：混合极性转换检测；在否定语境下消除极性转换；基于极性转换的集合模型	在数据集上均达到最优，平均准确率 >83%

但是，将篇章作为一个整体，粗略地进行情感分析存在很大局限性。其本质缺陷在于假设整个文本是针对同一个对象进行的评论，然而真实文本往往涉及多个对象，不同的对象包含的观点、态度等主观性信息是有差异的。另外，文档整体情感要基于词语的极性，这种大篇幅的内容由于包含较多的词和短语，很多词汇在情感词典中并未收录，难以真正全面理解文档的情感。还有一些非极性词汇隐含正面或负面的情绪，比如“爆炸”“车祸”代表较多负面情感，而“舞会”“打折”通常偏向正面情感。这些词汇都会对文档整体的情感表达造成影响。因此，近几年的研究多集中在词语和句子这种细粒度的情感分析上，较少研究涉及这种篇章的粗粒度分析。句子的情感识别是目前主要的研究方向，并且识别的准确率较高，本书也是采用句子作为基本单元进行研究和应用。

2.1.2 情感强度研究

极性识别只能告诉我们这句话或这段文字想表达的是褒义还是贬义，并不能提供文字想表达的情感强度。特别是在在线评论中，消费者在评价某一个商品时，往往会通过程度词表达对该商品的喜爱或者讨厌程度，这为其他消费者和商品管理者都提供了宝贵的信息。许多学者针对情感强度进行了深入研究，如通过极性词典、上下文关系、词语间关系等来计算强度值。如表 2.6

所示，通过词语关联关系进行识别（Kamp et al.，2004）；通过机器学习、拼写校正和特征等来识别强度（Thelwall et al.，2012）；通过上下文词语共现和语义分析进行识别（Saif et al.，2016）。

表 2.6　　情感强度研究

文献	数据	方法	结果
Kamp et al.，2004	WordNet 语料	基于词语关联关系的情感强度识别	效果一般
Thelwall et al.，2012	社交网络数据	联合机器学习、拼写校正、情感特征识别的情感强度识别算法（SentiStrength）	明显优于其他方法，在 6 个数据集中都得到较好效果
Saif et al.，2016	OMD，HCR，STS-Gold 数据集	通过上下文中词语共现和语义分析，更新词语的先验情感强度（SentiCircle）	与 SentiStrength 的评测结果接近，部分结果优于 SentiStrength

2.1.3　情感分析的应用价值

情感极性和情感强度分析是技术层面的研究工作。近几年，伴随社交媒体掀起的热潮，更多的研究集中在情感分析的应用上，如分析消费者的偏好信息、商品的缺陷信息、商品销量预测、口碑传播、舆情、商品推介、市场环境分析、服务满意度、股票预测等。广阔的应用前景也证明了情感分析的巨大应用价值。在表 2.7 中，归纳了一些典型应用研究成果，如关注 Twitter 上公众的整体情感信息与道琼斯指数之间的关系，构建道琼斯指数走势的预测模型（Bollen et al.，2011）；发现情感表达有利于信息的快速传播，特别是涉及品牌和商品描述的内容（Stieglitz et al.，2013）；利用情感分析方法抽取出评论中的商品缺陷信息。这些研究体现了情感分析在社交媒体中的巨大价值，是当前的研究热点之一。

表 2.7　情感分析应用研究

文献	数据	研究	发现
Bollen et al.，2011	Twitter 数据	社交媒体上的情感与道琼斯指数的关联，公众集体的情感能够影响经济，或者相关预测指标。	通过分析社交媒体上公众的整体情感，能够有效提高预测股票指数的准确度
Stieglitz et al.，2013	Twitter 数据	社交媒体中情感与信息传播的关系，媒体内容体现的情感是否与用户信息共享行为相关	含有情感的推文能够更频繁更快速地被转发，与公司品牌和产品相关的带有情感口碑信息更容易在社交媒体中传播
He et al.，2013	Pizza Hut，Domino's Pizza and Papa John's Pizza 三个连锁 Pizza 餐厅在 Facebook、Twitter 上文本数据	通过情感分析进行案例研究	文本挖掘的方法能够从社交媒体信息中获得竞争力分析数据，通过社交媒体进行竞争力分析具有巨大价值
Wang & Wang，2014	亚马逊相机产品评论数据	通过情感分析获取数码相机产品的缺陷信息	情感分析在商品评论中能够有效挖掘商品的缺陷信息，帮助商品改进
Poria et al.，2016	亚马逊产品评论数据	通过情感分析和深度卷积神经网络识别产品特征	识别商品的特征，帮助改善客户关系管理系统和产品推荐系统

2.1.4　研究评述

本节综述了观点挖掘和文本情感分析中三项主要研究的进展情况：情感极性判别、情感强度判别、情感分析应用。截至目前，伴随着自然语言处理技术的发展，情感分析研究已经获得很大的成功，舆情监测、个性化推荐、商品缺陷检测都得到显著发展。然而，由于语言的复杂性，依然存在许多亟待研究和解决的问题，主要包括：

（1）对各类语义成分的识别精度不高。目前，情感分析方法大多借鉴了文本分类、信息检索等领域的研究成果，多数研究需要借鉴极性词典才能取得较好识别效果。但是，对于对语句中各种语义成分及其对应关系的识别，还没有形成有效的解决方案。特别是特征和情感的对应上，识别的精度和鲁棒性不高；隐式主题的识别研究较少；涉及上下文的情感识别有进一步改进的空间；大多数研究针对单一商品评论，实际评论中经常会出现多个商品比较的信息，这时候就涉及多个商品的比较情感研究。

（2）缺乏统一标准的语料库和词典。多数情感分析的研究需要借助语料库和情感词典进行识别，虽然已经存在了一些知名的语料库和情感词典，但是只对部分研究有用。一些研究需要根据自身的任务自建语料库和词典，所采用的语料库和词典不同，就导致情感识别的准确率无法作出横向比较，缺乏统一的标准。

（3）网络词和一些新词汇的干扰。对于社交媒体上用户生成信息，经常会加入最近一些流行的网络词汇，甚至一些新造词，这些词的识别相对困难。如“这家的服务态度也是没谁了”这句评论中的“也是没谁了”，就表达了一种情感观点。目前常用的方法是不断地往自建词典中添加此类词汇，但并不是一个很有效的方法。另外，不同的表达方式，如比喻、比较、附和、讽刺、正话反说、习惯用语等，这些都给情感分析带来较大困难。

（4）不同语境干扰。部分词语在不同的语境下具有不同情感倾向，如“衣服太薄了，有点冷”与“手机好薄，也很轻”，这两个句子中，“薄”分别代表了贬义和褒义的情感。这类词汇存在较多，但是现有研究较少针对这个问题提出有效的解决方案。

针对当前的研究现状，以下几个方面是未来研究中值得关注的方向，本书进行详细介绍：

第一，标准语料库的建设和评价体系的建立。语料库是情感分析高精确度的基础，语料标注又是语料库建设的关键技术。考虑如何从词汇、句法、语义多个层面囊括各个领域知识的语料库和极性词典，对细粒度的情感识别会产生极大价值。另外，针对识别方法，有必要找到一种能够将各种算法进行横向比较的评价体系，便于不同研究针对同一任务进行比较。

第二，上下文关系的进一步理解。基于上下文的词汇识别能够有效提高语句情感识别的准确率，但是面对一些复杂的句子类型，句间关系更为有用。因此，需要将二者结合，真正探索出一种符合人类逻辑思维能力的情感判别方法。

第三，多商品的情感比较识别。研究表明，评论中存在相当数量的含有比较信息的情感表达，属于情感分析的深入研究，涉及多个商品之间的情感比较。以语义关系为基础，需要判断在多个商品之间情感的优先次序。相比于针对单一商品的评论，含有这种比较关系的评论更具有价值，因为这是消费者在体验或使用不同商品后发表的直观感觉，有客观的比较基准。这一领域的研究尽管已经引起学术界的注意，但尚处于起步阶段。本书正是对情感分析的这一子领域进行探索。

第四，情感分析的应用价值。情感分析的研究重在应用，特别是在市场领域，需要发挥出其价值。例如对于商品的精准推介、商品特征的细粒度分析、多个商品间的比较。情感分析研究的最终目的是为消费者提供购物参考，为企业提供商品的市场反馈和未来进一步改善的可能，为市场提供来自消费者的认知资源。真正将情感分析应用到具体的市场情形中，提高应用价值。

2.2 比较关系挖掘研究

比较关系挖掘作为情感分析的一个子领域，在近几年引起了学术界和工业界的重点关注。因为这种挖掘能够提供一个参考点帮助消费者、企业更好地对商品进行评估。从第2.1节的综述中可知，情感分析的主要研究都是针对单一商品进行的，如评论“这家味道还是很不错的，装修也挺有特色”，消费者对这家餐馆“味道”和“环境”两个特征表达了“很不错”和“有特色”的褒义性评价。但是这样的评价缺乏一个评判基准，因为“很不错”是基于消费者以往经历得到的，对于他人来说，未必是“很不错”。因此，这种情感分析并不能分析出消费者对商品的客观观点。

相较于这种面向单一商品的消费者观点，网络口碑资源中也提供了大量的比较信息，一些研究指出挖掘口碑中的比较信息具有重大价值，可用于竞争力分析、商品比较、品牌认知、竞争对手分析、商品排名、市场环境分析、市场结构研究等。以分析竞争对手为例，以往收集竞争对手信息要通过新闻、年报、问卷调查、对手网站等方式，获得的信息存在诸多缺失，无法全面与竞争对手在各个特征上进行比较，因此获得的竞争对手信息并不准确。而网络口碑中提供了有关竞争对手的信息，特别是部分消费者喜欢发表不同品牌商品的对比观点，这种信息为竞争对手的识别提供了一种可能。鉴于评论中比较关系的重要价值，本节对比较关系挖掘的研究综述将从比较关系的识别、比较关系要素的抽取和比较观点的应用开展。

2.2.1 比较关系识别研究

对某一个商品进行情感分析，只能了解到该商品在这个评论者认知中的“好”或者“坏”。考虑到不同消费者评价商品是存在差异的，因此，这种面向单一商品的评价观点比较模糊，甚至存在偏差。每个人都有不同的衡量标准，由于缺乏统一的基准，导致评价中的“好”并不一定能够说明这个商品就是“好”。与之相比，消费者通过在不同商品上的购物体验，发表含有比较关系的信息，这种信息通常包含对两个或多个商品的评价，并提供了评价的基准。一些研究认为其在评价商品上更具有研究价值，更容易被接受和信赖。

比较信息主要以比较句的形式呈现，因此识别比较句是第一个关键步骤，采用的识别技术主要包括：机器学习、规则识别、自然语言处理。机器学习方法主要采用一些成熟的机器学习方法（监督学习、无监督学习）结合比较句特征进行识别。规则识别主要包括关联规则和序列规则，试图归纳出比较句的隐含形式。自然语言处理技术主要是依托语法和语义分析来识别比较句。具体内容如下：

（1）基于机器学习的比较句识别方法。机器学习技术被广泛应用在比较关系挖掘中，如表 2.8 所示。支持向量机（Support Vector Machine，SVM）、朴素贝叶斯（Naive Bayes，NB）、条件随机场（Conditional Random Field，CRF）是其中比较流行的方法。机器学习要通过训练数据获得一个最佳模型，并利用测试数据进行验证，最后用该模型去处理大规模的数据集。现有研究多数是针对亚马逊商品评论中的比较句进行类别判定，识别准确率维持在70%左右。比较句属于较为复杂的语句，需要深入分析句子成分和成分间的关系，仅依靠机器学习技术很难做到这一点。因而，有研究将机器学习、规则和比较特征相结合，取得了较好的效果，准确率最高达到了90%。

表2.8　　基于机器学习的比较句识别研究

文献	数据	方法	比较范畴	发现
Jindal & Liu，2006	亚马逊产品评论，论坛和新闻中关于特定产品的数据	朴素贝叶斯分类器（NB），基于规则的学习	“non-equal gradable”“equative”“superlative”“non-gradable”	三个数据集的平均准确率达到84%、75%、73%，优于SVM、Keywords等方法
Xu et al.，2009	亚马逊手机评论数据	基于SVM的比较关系图生成方法	“better”“worse”“same”	准确率达到73.15%，效果较好
Xu et al.，2011	亚马逊手机评论数据	基于两层CRF的图模型	“better”“worse”“same”“no_comparison”	平均准确率66.17%，优于其他方法。比较信息能够帮助企业识别潜在风险，辅助设计新产品
Liu et al.，2013	中关村在线商品评论数据	SVM结合类别序列规则（CSR）和关键词、特征词	显性比较句和隐性比较句	比较句整体识别准确率达到85.4%
Wang et al.，2015	COAE 2012会议任务二语料	SVM结合序列规则，采用关键词检索识别含有指示词的比较句，采用SVM识别出无指示词比较句	含有指示词的比较句，无指示词比较句	准确率达到90%

（2）基于规则的识别。与机器学习技术相比，关联规则和序列规则在比较关系识别中经常被采用。关联规则能够发现文本中高度相关的词语或模式，序列规则旨在分析比较句的序列模式，从而找到规律。这种方法主要是建立在比较句句式结构的基础上，因而整体识别效率较高，基本准确率能达到80%以上，如表2.9所示。有研究针对中关村在线中的商品评论，利用CSR和序列生成策略进行比较关系识别，最后的识别准确率虽然不高，但是召回率和F-measure比其他方法要好（Huang et al.，2008）。但是，采用基于规则的方法很难穷尽所有的比较规则，并且针对不同的比较类型，也没有设计出有针对性的规则方法，这种方法有待进一步完善。

表2.9　　基于规则的比较句识别研究

文献	数据	方法	比较范畴	发现
Jindal & Liu，2006	亚马逊产品评论，论坛和新闻中关于特定产品的数据	CSR以及朴素贝叶斯分类器	"non-equal gradable" "equative" "superlative" "non-gradable"	三个数据集的平均准确率达到84%、75%、73%，优于SVM、Keywords等方法
Huang et al.，2008	ZOL产品论坛中的笔记本评论	考虑序列生成策略和CSR，SVM作为分类器	"equative" "gradable" "non-gradable"	准确率为91.4%，召回率和F-measure为最优
Li et al.，2013	Yahoo! Answers问题的标题	序列模式，弱监督方法	"comparable question" "non-comparable"	准确率为81.7%，远高于CSR方法
Wang et al.，2017	大众点评餐饮评论数据	CSR、关键词、实体名识别	"同比关系""差比关系""极比关系""自比关系"	比较关系识别的准确率达到85.9%，召回率为97.61%，明显优于同类方法

（3）基于自然语言处理的技术。自然语言处理技术（Natural Language Processing，NLP）能够很好地分析文本信息，理解文本信息表达的含义。在表2.10中，一些学者通过NLP中的语法分析和语义分析来研究比较关系。如

采用语义角色标注（Semantic Role Labeling，SRL）和条件随机场对比较句进行识别，最高达到93%识别准确度（Hou et al.，2008）；有研究基于SRL在JDPA语料中进行识别，结果明显优于基于词性标注（Part-of-Speech，POS）和基于关键词的方法（Kessler & Kuhn，2013）。

表2.10　　基于自然语言处理技术的比较句识别研究

文献	数据	方法	比较范畴	发现
Hou et al.，2008	两个比较数据集	SRL，CRF	"comparative sentence""non-comparative"	分别达到93%和84%的准确率
Kurashima et al.，2008	电影评论数据	语义网络分析，图模型	"comparative sentence""non-comparative"	无测试，通过语义网络能够找到竞争对手信息
Sun et al.，2009	23585条亚马逊产品评论数据	基于依存句法图和进化树的自动识别方法	"better""worse""same"	平均准确率达到75.9%
Kessler & Kuhn，2013	JDPA语料库和Jindal & Liu（2006）的语料	基于SRL的模型，正则化线性逻辑回归分类器	"more""less"	在多个数据集上的结果均优于基于POS和基于关键词的方法

从上述研究来看，机器学习、规则识别、自然语言处理等技术都在比较关系识别方面取得一些成果。但相比较而言，基于规则的识别方法效果更好（Varathan，2017）。这是因为比较句作为一种较为复杂的句子类型，往往句子中的词语含有多种变化，由于当前自然语言处理和机器学习技术的限制，很难让机器真正学习到各种类型的比较句特征，理解其真正的含义。但是，绝大多数比较句都会遵从特定的句法规则和模式，通过规则来识别匹配度更高。同时，将句法规则与其他方法的结合应是比较关系识别的一个主要方向，特别是通过无监督技术识别比较句将会有较大的实践价值。此外，针对不同的比较句类型，采取不同的识别策略会取得更好的识别准确率。与英文相比较，由于中文比较句的复杂多变，其识别难度更大。特别是一些无固定规则的表

达，普通词语、成语以及谚语都可以体现事物之间的比较，这给中文的识别带来挑战。本节将在现有研究基础上，结合比较关系语言学上的特征，采取有效的方法提高中文在线评论比较关系的识别准确度。

2.2.2 比较关系要素抽取研究

比较关系识别可以过滤出含有比较关系的语句，但是真正将其应用，还需要提取其中的具体关系，挖掘出关键信息以便后续研究。一个完整的比较关系包括四个主要成分，即比较主体、比较客体、比较特征、比较结果。如在“A 的环境比 B 的好一些”这个句子中，“A”为比较主体，“环境”为比较特征，“B”为比较客体，“好一些”为比较结果，这四个要素组成一个完整的比较关系。比较关系要素抽取就是获得这四个成分。其中，比较主体、比较客体抽取可以视为实体抽取，比较特征抽取同情感分析中的特征识别，比较结果抽取实际上就是抽取出比较观点的情感分析结果。但是，比较关系抽取因为涉及两个或多个商品间的对比，需要明确比较主体和比较客体的先后顺序。这个句子表达的是“A……比 B……好一些”，因此，比较主体的环境更好，这就涉及实体间的顺序识别。

本节内容将从各个要素抽取的角度分别进行归纳，主要研究涉及比较关系抽取、实体抽取、特征抽取和比较结果抽取，将比较要素的研究细分。

（1）比较实体识别研究。实体是比较关系中具体进行比较的物体。在商品评论当中，消费者能进行比较的前提是建立在两个物体在某些特征上具有可比性这一基础。因为存在着共性，通常放在一起进行比较的物体，可以认为有一定的竞争关系。实体可以是商品名称、人名、服务名称、公司名称等。考虑到这些实体主要由专有名词组成，当前的实体抽取技术基本上可以从规范的文本中获得绝大多数的实体名称。但是，比较关系中通常含有两个或两个以上实体，为识别增加了难度。另外，对于句式并不规范的评论文本，专有名词经常出现缩写或被其他词指代，还需要确定这些代词的指代对象。众多学者从基于机器学习的技术、实体名词典的方法、规则的方法进行了探索，如表2.11所示。如一些研究引入标注序列规则（Label Sequential Rules）的方法抽取实体要素，并在消费者评论、论坛和新闻文本中进行了验证，其中评论中的要素抽取准确率最高（Jindal & Liu，2006）；还有的采用语义角色标注来识别实体（Hou et al.，2008；Kessler & Kuhn，2013）；或借助词典进行识别（Liu et al.，2013；Tkachenko & Lauw，2017）。但是这些技术的鲁棒性没有得到进一步验证，其能否在不同领域大规模数据上应用有待检验。

表2.11 比较实体识别研究

文献	数据	方法	抽取的要素	发现
Jinda & Liu，2006	购物评论、论坛、新闻数据	标注序列规则	比较主体、比较客体、比较特征	准确率分别达到100%、85%、97%，整体为95%
Feldman et al.，2007	Runners World杂志评论和Edmunds Car评论数据	命名实体识别算法，共现关系，词典	比较实体	准确率达到96.7%
Hou & Li et al.，2008	两个比较数据集	SRL	比较主体、比较客体、比较特征、比较词、比较情感	在两个数据集中抽取准确率分别为88%、84%、91%、93%、89%，以及65%、62%、73%、84%、75%
Liu et al.，2013	COAE 2012数据集	CRF，词条分类策略	比较实体和特征	准确率在两个数据集上分别达到53%和57%
Xu et al.，2011	亚马逊手机产品评论数据集	基于实体名词典的识别，情感分析	实体名和比较情感	准确率分别达到66%和63%
Kessler & Kuhn，2013	JDPA语料库	SRL	比较主体、客体和比较特征	最好准确率分别达到58.3%、60.3%、58.8%
Tkachenko & Lauw，2014	亚马逊数码相机评论数据	词典，实体名匹配算法	比较实体、比较情感	实体识别较好，根据品牌关系构造了品牌产品树图

考虑到实体的准确抽取是判断比较观点的先决条件，这一研究十分重要。特别是识别出错误的实体和实体之间的关系，比较观点将毫无意义。在当前

技术的限制条件下，通过一些固定规则或固定数量的词典进行抽取更有价值。但是对于一些书写比较随意的文本，实体比较模糊，依靠词性标注和词典匹配比较困难。并且要真正实现自动化挖掘，还需要探索出无监督的方法进行提取。到目前为止，部分研究通过条件随机场技术来识别比较文本中的实体。本书认为还有一些技术值得进一步探索，如支持向量机、隐马尔可夫模型和一些自然语言处理的新技术。此外，针对两个以上实体的识别还未发现具有高准确率的研究工作。

（2）比较特征抽取。特征信息抽取是比较关系挖掘中的细粒度层面的分析。消费者在进行商品对比时，很难买到十全十美的东西，通常会根据自己的一些偏好进行取舍。比如购买手机，有的人喜欢大屏幕的并且像素高的，就会根据“拍照”和“外观”两个特征进行细致比较。基于特征的商品比较具有更高的实践价值。常用的抽取方法包括统计技术和模式匹配，并且识别的准确率维持在 80% 左右，如表 2.12 所示。

表 2.12　比较特征抽取研究

文献	数据	方法	发现	结果
Hou & Li et al.，2008	两个比较数据集	SRL	比较主体、比较客体、比较特征、比较词、比较情感	在两个数据集中抽取准确率分别为88%、84%、91%、93%、89%，以及 65%、62%、73%、84%、75%
Sun et al.，2009	亚马逊数码相机评论数据	产品特征数据库	消费者更愿意得到关于特征的信息，建立基于特征比较的推荐系统	18 个特征的平均识别准确率约为 70%，个别特征识别准确率较低
Tkachenko & Lauw，2014	亚马逊数码相机评论数据	生成模型，词语顺序	根据句子中词语的顺序找到特征词语的模式信息	不同的特征上均取得了较好的准确率，最高达到 89.7%

特征抽取面临的最大困难是同义词较多，例如描述手机时候用的“照

片”“像素”“拍照”“摄像”等词汇均表示的是“拍照”特征，这种同义词大量存在于比较关系中，很难全部提取。在方法上，到目前为止，只有模式匹配和统计方法被用于比较关系的特征检测。在情感分析领域，特征识别是一个热点，近几年很多研究围绕细粒度的特征情感对开展，都取得了较好的效果，如通过主题模型识别特征。比较特征的抽取工作可以从中借鉴，得到更好的识别效果。并且，相对于单一商品的特征识别，比较信息中含有隐性特征的比例较高，隐性特征检测可能是一个新的研究领域。

（3）比较结果抽取研究。比较结果抽取研究包括比较结果词抽取和实体关系抽取。比较结果词抽取就是提取出比较句中能表达情感观点的词语，这个研究在情感分析领域比较成熟，即识别出句子中的观点词。如“环境真漂亮啊”观点词就是“漂亮”。实体关系抽取主要是指比较实体间的排序，如这两个句子“A 比 B 好吃多了”和“与 B 相比，我觉得 A 环境更好”，都表达了“A 好”的观点。但是从实体所在位置来说，第一个句子“A 在 B 前”，第二个句子“A 在 B 后”，不同的表达产生不同的逻辑关系。针对这两个句子抽取的实体关系和比较结果分别为 <A，B，好吃>，<A，B，更好>，需要识别出和比较结果保持一致的顺序。这就涉及语义层面的理解，难度较大。常用的方法有机器学习，基于规则的方法和基于词典的方法，如表 2.13 所示。这些方法对于简单的比较句形式起到较高的识别准确率，但是对于部分较为复杂的句式结构，抽取效果并不理想。特别是含有否定词的表达，常常会导致关系的反转。进一步的研究工作应关注实体与比较词的前后顺序、句中否定词的个数等，从语义和比较语法的特征进行深入研究。

表 2.13　　比较结果抽取研究

文献	数据	方法	发现	结果
Jinda & Liu，2006	购物评论、论坛、新闻数据	标注序列规则	LSR 能够有效识别单一特征的比较句	准确率达到 97%，无法很好地应用在其他领域

续表

文献	数据	方法	发现	结果
Hou & Li et al.，2008	两个比较数据集	SRL	识别比较句中的五种情感类型（比……好，比……差，同，最好，最差）	在两个数据集中情感抽取准确率分别为89%和75%
Ganapathibhotla & Liu，2008	电子产品数据集（同Jindal & Liu（2006）的数据集）	One-side Association（OSA）技术，规则匹配	具有很好的抽取效果和普适性，强于之前的方法	准确率分别达到96.7%和82.2%
Xu et al.，2009	亚马逊手机评论数据	基于SVM的图模型	该模型能够有效识别比较关系是“好”“坏”还是“相同”	识别直接表达的比较效果可以，但是收集的数据量较少
Xu et al.，2011	亚马逊收集的评论数据集	具有不确定相互依存关系的两级CRF，图模型	比较关系属于高级的关系识别，对追踪竞争对手的优势劣势以及自身的差距具有较好应用前景	平均识别准确率达到63%
He et al.，2012	360buy，Zol，IT168和亚马逊获得的手机评论数据	比较关系词典，6个比较模式库	针对简单的比较句式能够有效地抽取情感	抽取的正面和负面情感准确率分别达到78.34%和73.58%
Tkachenko & Lauw，2014	亚马逊数码相机评论数据	机器学习技术，集成方法和图模型	两两比较，通过共有的实体可以找到没有直接比较的实体间关系	效果不错，提出了一种方法解决无直接比较信息的实体间关系抽取
Tkachenko & Lauw，2017	亚马逊手机和数码相机评论	生成模型	联合比较句与比较实体对的方法，优于其他情感分析方法	识别准确率达到75.7%

综上，关于比较关系要素抽取方面的工作，并没有太多研究选用无监督的方法进行探索。本书认为探索实体聚类技术的无监督方法能够有效针对属于同一类商品的实体进行分组，从而帮助识别出聚类中的可比实体对象。实体间的关系可以通过句法分析和比较关系的类型进行细分抽取。比较结果词和比较特征词可以通过现有的技术加以改进，会收到更好的效果。另外，值得注意的是，比较实体和比较特征的识别能够帮助消费者和企业知道哪些商品或特征总是被比较，以及发现其他的可比对象。这可以更好地帮助商品管理者分析市场环境，挖掘潜在的竞争对手（Chen et al.，2016），以及基于消费者的认知进行商品改进。同时也能帮助消费者在面临多个候选商品难以选择时，辅助进行购物决策。此外，本书注意到，迄今为止，比较要素抽取所涵盖的语言只有英文、中文和较少的韩文文本。未来的工作也应该关注其他语言要素的识别。

2.2.3 比较观点应用研究

比较观点的应用长期吸引学术界和工业界的兴趣，工业界中先后涌现出一批专业进行商品比较的网站，如在线比价网站（Shopzilla）、数码摄影评论网站（Dpreview）、专业相机和手机的评测机构（DXOMARK）等。在学术界，比较观点主要应用在商品比较、观点整合、竞争力分析、竞争对手识别、商品优缺点检测、商品排名等领域。

在表2.14中，一些研究将比较观点应用到实体之间的排名，通过比较数量和情感倾向性分清实体间的推荐顺序；还有的研究关注观点描述信息的整合，通过将这些信息进行归纳和总结，为不同实体间的对比提供辅助信息；部分研究通过比较观点形成的比较关系网络理解市场结构和比较对象的相关信息，证明了比较关系在市场中的真正价值。此外，将比较观点应用到商品的竞争力分析领域，从社交媒体中挖掘信息进行商品间的对比分析是近年来值得探索的研究方向。这些研究都从不同的应用证明了商品间比较关系在市场中的巨大价值。

表 2.14　　比较观点应用研究

文献	数据	应用
Kurashima et al.，2008	电影评论数据	重要度计算及排名
Hou & Li et al.，2008	两个比较数据集	语义角色标注（SRL）
Lerman & McDonald，2009	CNet，Epinions and PriceGrabber 消费者评论数据	为两个商品生成一组成对的摘要
Kim & Zhai，2009	商品评论数据	生成同一种商品正反面评论的对比摘要集合
Xu et al.，2011	亚马逊手机评论数据	商品风险预警，比较分析
Huang et al.，2012	新闻语料	同类新闻比较分析
Li et al.，2013	Yahoo！Answers 的问题数据	寻找可比的对象和实体排名
Zhang et al.，2013	亚马逊商品评论数据	商品比较网络的构建和比较网络的有用性识别
He et al.，2013	Pizza Hut、Domino's Pizza 和 Papa John's Pizza 三个连锁 Pizza 餐厅在 Facebook 和 Twitter 上文本数据	企业竞争力分析，基于 Social Media 对比三家企业
Jin et al.，2016	Cnet. com 的手机评论数据	与竞争对手的特征比较分析，识别差距
Chen et al.，2016	企业股票业绩数据	研究企业的市场比较网络结构对企业股票绩效的影响
Tkachenko & Lauw，2017	亚马逊数码相机、手机评论数据	产品排名
Chen et al.，2017	亚马逊上的充电器、耳机、钟表和 GPS 电子产品评论数据	寻找可比较对象和商品竞争力分析

比较观点应用的研究应更多地重视情感分析，特别是情感强度。比较观点的强度识别能够明确商品之间的认知差距，将更有利于商品间的比较和竞争力的分析。当前的研究主要集中在相机、手机等电子产品的比较应用上，对于餐饮行业等体验型商品、企业或者品牌比较、人类观点比较等的研究较少，基本没有对公众人物或政治家进行比较意见挖掘的工作。进一步的研究建议考虑通过基于比较观点形成的比较网络，采用网络分析技术深入理解比较关系网络中所隐含的人物、品牌、企业以及商品之间的联系，理解

人物观点的差别、品牌认知的差异、企业在市场中的定位，以及市场结构等信息。

另外，鲜有研究关注利用时间特征进行比较观点挖掘的工作。对于人物来说，他的某些观点会随时间产生改变；对于商品来说，评论中含有许多“自比”信息，与先前的状态进行比较，如“装修可比以前强多了”。这些带有明显时间特征的比较信息，有助于进行动态的比较分析，如进行趋势分析、品牌可持续性研究以及消费者偏好变更等，相信结合时间维度的比较关系分析将会成为一个新的研究热点。

2.2.4 研究评述

比较关系挖掘研究涉及语言学、自然语言处理、机器学习等多个领域，包括识别比较关系、抽取比较关系要素、应用比较观点三个子任务。这三个部分的研究是既相对独立又相互联系形成的一个系统性研究课题，研究成果可应用于商品竞争情报获取、商务智能挖掘、消费者偏好分析、商品缺陷分析、同类商品的竞争排名。本书重点关注面向在线评论的比较关系挖掘研究。目前，针对在线评论的比较句识别，提出了基于机器学习、规则识别、自然语言处理的三种识别方法；针对比较关系要素的抽取，采用了 LSR、CRF、SRL 等技术抽取比较实体、比较特征和比较结果；针对比较观点的应用，涉及商品排名、竞争对手识别以及商品缺陷识别。但是，仍然面临着以下问题亟须解决：

（1）缺乏标准的比较语料库。当前关于比较关系的识别与要素抽取研究，基本上都是基于不同的语料进行分析的，不同方法之间的比较不够充分。有必要建立一个包含多个领域的比较语料库，便于进行识别、抽取以及观点挖掘等一系列的研究工作。

（2）在线评论中比较句识别的准确率有待提高。尽管许多研究关注在线评论中比较句的识别，但是对于非结构化的在线评论文本，已有方法的识别效果并不理想。同时，相对于英文比较句，中文比较句句式类型复杂而多变。

本书认为将比较句的语言学成果引入研究中是十分有必要的，可以帮助建立比较完善的模式库。

（3）隐性比较关系的识别有待深入。比较关系识别的主要研究对含有明显比较指示词的比较句识别效果较好。但是，在线评论中有相当一部分语句不包含明显的指示词，但同样表达比较语义。这一研究尚未形成有效的解决方法。本书认为可以从两方面同时考虑：一是句间关系，这种隐性表达的比较句通常与上下文之间有衔接关系，可以通过转折、因果、并列这样的关系进行识别；二是比较关系的其他特点，比如评论中包含两个以上实体，或者带有比较倾向的形容词和副词，这些也可以视为一种“比较指示词”。可以考虑将语义挖掘、关联规则等方法引入比较关系的识别研究中。

（4）比较关系要素抽取效果有待改进。比较关系要素包括比较实体、比较特征、比较结果要素，分属不同的挖掘任务。就词性而言，比较主体、比较客体和比较特征多为名词和代词类型的实词。从语义角度来看，它们涉及上下文中有概念意义的实体。但是，比较的主客体不易区分，代词不能有效匹配，特征词常隐藏在名词或副词中，这些都是当前面临的一些困难。因此，在现有实体抽取、特征挖掘等技术基础上，实现无监督的抽取方法是未来的一个主要探索方向。

（5）比较结果的情感倾向性及其强度有待深入。针对标准形式的比较关系句，成熟的情感分析技术可应用于比较结果的情感倾向性分析。但是，有些比较结果需要根据语境才能得出。对于这类比较结果的倾向性分析，需要通过语义分析、句法依存等方法完成。此外，比较观点的情感强度也是一个研究难点，不同比较对象，特别是商品之间的差距大小需要明确。差距的大小对企业和消费者的认知程度是不同的，这对于商品排名、竞争力分析的准确性具有价值。

（6）比较观点的应用价值值得进一步挖掘。当前的研究多围绕商品排名、商品对比描述、竞争力分析展开。本书发现，由比较关系形成的商品关系网络含有潜在的分析价值，如竞争对手的发现、与竞争对手基于特征层面的情感比较、品牌认知比较、人物观点比较等研究。此外，与时间维度相关的比较关系能揭示出比较对象的时间演变过程，如进行对象趋势分析、品牌可持续性研究以及消费者偏好变化分析等。

2.3　竞争环境分析研究

无论是企业、商品还是个人，在市场环境中都不是孤立存在的，必然或多或少存在与其竞争的对象（Cai et al.，2016）。特别是对于商品，很难始终保持市场的现有地位和销量，总有一些来自其他企业的新商品出现，从而形成竞争之势，争夺消费者，分享市场。因此，对于管理者，需要准确识别其竞争对手，并与竞争对手商品进行全面对比，了解商品的优势与劣势，同时分析当前竞争环境，从而制定有效的市场策略，改善商品，在市场竞争中保持优势（Chen et al.，2016；Wang et al.，2017）。

传统分析竞争对手的途径是通过问卷、实地调研、新闻等方式获得的。这些信息存在一定的质疑：第一，问卷的设计是否合理，调查对象能否如实反映相关问题；第二，实地调研能否比较全面地覆盖，考虑到不同区域的消费者认知；第三，新闻的内容多来自竞争对手自己提供的信息，其真实性无法进一步验证。此外，通过传统方式分析竞争对手及其信息，往往因其有限的数据量和人力财力的限制，不能全面展示行业竞争环境。因此，需要通过其他更好的方式发现竞争对手，获取竞争对手的信息，进而了解整个市场的竞争环境。

随着信息技术日益普及，越来越多的消费者通过社交媒体对某些商品发表意见。特别是在线评论中包含丰富的信息，包括商品的优点与缺点、商品特征描述、专家意见以及消费者经验和建议等。这其中就包含了竞争对手的情报。消费者在评论中常常会将同一类别下的不同品牌商品进行比较，将基于自身的使用经验和体会分享给他人。将大量信息进行汇总，能够形成某一个类别下商品的比较关系网络。因此，本节将分别从面向商品的关系网络分析、竞争对手识别以及商品对比分析三方面介绍研究成果。

2.3.1 面向商品的关系网络分析

面向商品的关系网络早已引起学术界的关注，可以分为消费者与消费者的关系网络以及商品与商品形成的关系网络，但是更令研究者重视的是商品之间的关系。商品关系网络是将存在共性的商品连接起来，把商品看作网络中的一个节点，商品之间的关系看作是节点间的连线。这些研究均采用社会网络分析法进行网络分析，挖掘出网络结构中隐藏的信息。

如表 2.15 所示，一些研究通过构建商品比较关系网络，提出了采用比较关系网络分析市场结构、竞争商品特征的研究课题，并进行了尝试，结果得到了有力验证；有研究尝试从论坛信息中获取比较关系和关联关系，用于研究竞争环境和市场结构（Netzer et al.，2012）；有研究从消费者购物数据中提取共同购买商品信息，搭建了共买商品关系网络，分析消费者购物偏好和商品联系（Kim et al.，2016）；还有部分研究从企业年报中抽取关于商品的描述文本信息，通过相似性找到了商品间的关系，用于分析竞争对手（Hoberg & Phillips，2016）。上述成果都证明了商品关系网络存在的价值，但是缺乏进一步的深入分析，例如竞争力的分析，对手的强弱，自身的优势。因此，有必要深入理解商品关系网络所形成的市场结构，挖掘其内部结构特征和外在竞争环境信息。

表 2.15　　面向商品的关系网络分析研究

文献	数据	关系识别方法	网络	发现
Xu et al.，2011	亚马逊的商品评论数据	通过 CRF 提取评论中的商品比较关系	构建商品关系有向图网络	评论中的比较关系形成的商品关系网络能够有效帮助企业识别潜在风险和辅助决策

续表

文献	数据	关系识别方法	网络	发现
Kim et al. , 2012	商品交易数据，包括消费者个人信息	通过关联规则提取不同消费者的购物数据，以共同购买商品为连接点	通过共同购买的商品建立起所有商品间的无向关联网络	该网络能够理解不同类型商品的重要性，商品间的关联关系可以很好地应用于个性化推荐
Netzer et al. , 2012	汽车论坛和糖尿病药物论坛数据	采用文本挖掘和语义分析来抽取论坛中的比较信息	通过共现关系构建了商品间的无向关系网络	这种商品关系网络能够很好地理解市场结构和竞争环境
Zhang et al. , 2013	亚马逊的商品评论数据	用文本挖掘方法和机器学习方法提取评论中的比较关系	通过 Single-link，Dichotomic-link 和 Multi-link 图建立产品之间的有向关系图	来自 WOM 的比较信息能够分析市场结构和商品排名
Hoberg & Phillips, 2016	美国证券交易所企业年报 10 - ks	文本挖掘企业的产品描述信息，相似性测量	通过描述的相似性建立产品关联网络，并进行分类	基于产品相似性产品关联网络能够有效发现竞争对手，以及与竞争对手的差异
Jin et al. , 2016	亚马逊手机品牌评论数据	利用文本相似性和贪婪算法提取比较关系	构建商品间的比较关系网络	识别消费者需求，以及与竞争对手相比产品的优点和缺点
Chen et al. , 2017	亚马逊商品评论数据	利用文本挖掘方法提取评论中比较关系	构建商品比较网络	比较关系网络能够分析市场结构，预测商品销量变化

2.3.2 竞争对手识别

对一个企业、品牌或者商品，要想持续在市场中保持较好的地位和较高的盈利，需要了解自己的竞争对手，这就涉及竞争对手识别研究。通过追踪竞争对手，可以及时了解市场的动向，有针对性地调整策略，保持或增强盈利能力。竞争对手识别在竞争智能（Xu et al. , 2011）、市场策略（Peng et al. , 2016）、高层管理团队认知（Wu et al. , 2014）以及市场结构分析

(Chen et al., 2017) 中都占据着重要位置。尽管很多研究都认识到了识别竞争对手的重要性，但是很少有研究工作关注如何进行客观识别。

早期关于竞争对手的识别基本上是通过问卷、实地调研或者从同行业商品分析报告中查找，导致产生的潜在对手过多，或者调研范围片面。因此，如何能最大范围地、自动化地获取真实的竞争者信息是一个难点。

满足消费者某种需求的商品通常会包含很多具有相同功能属性的潜在竞争对象。但是由于有限合理性和信息的不完善，决策者无法一一进行分析，仅关注对其影响较大的竞争对手（Clark & Montgomery，1999）。在表2.16的这些研究中，尽管阐述了从资源方面和市场方面获取竞争信息的来源，但是忽视了技术变革和潜在威胁的影响（Chen，1996；Peteraf & Bergen，2003）。特别是在技术驱动型产业中，创新可能会改变竞争威胁的来源和动机。一些研究通过具体实例验证了通过客户群体识别竞争对手是一种有效直接的途径（Wu & Olk，2014；Lederman et al.，2014；Peng & Liang，2016）。

表2.16　　竞争对手识别研究

研究	方法	主要成果
Chen，1996	提出一种基于市场共性和资源相似性的竞争对手识别框架	市场共性决定了是否为当前直接的竞争对象，资源相似性反映了这个对手能在多大程度上对其造成威胁。从这两个维度能够判断两个企业的竞争态势以及焦点企业与其他竞争者之间的互动
Peteraf & Bergen，2003	提出一种基于市场和资源的竞争对手识别框架	认为管理者对相同类型资源的竞争对手过分关注，忽略了可以满足市场需求的不同资源捆绑的竞争对手，因此引入了能力等价性的概念，即企业在满足客户需求的能力方面具有与焦点企业的能力相近的程度
Wu & Olk，2014	提出基于客户关系的竞争对手识别	客户关系能够揭示竞争对手，并且具有强大客户关系的企业能够更容易获取竞争对手和竞争环境的信息
Lederman et al.，2014	提出一种考虑空间位置和客户群体的竞争对手识别框架	这种方法能够有效找到与商品价格、位置以及其他特征相似的竞争对手

续表

研究	方法	主要成果
Hoberg & Phillips, 2016	根据企业的 10 - ks 提出一种基于文本行业网络分类方法，通过网络距离识别竞争对手	通过 10 - ks 中的文本数据，发现了企业间的联系以及行业的分类，获取了内部管理者的认知信息以及外部竞争对手的冲击
Peng & Liang, 2016	提出基于企业能力与市场相似性的动态识别竞争对手框架	研究解释了框架设计的过程是确定潜在竞争威胁的关键因素；造成企业高风险发生的情况；市场竞争威胁的动机和价值链；框架影响现任和供应商竞争行为的机制

2.3.3　商品对比分析

识别出竞争对手之后，更重要的是分析竞争对手，找到与竞争对手相比自身所具有的优势与劣势，哪些方面能够进一步改进，从而制定有效的竞争策略。这就涉及商品之间的全面对比分析。只进行商品对比分析的研究并不多见，这里将企业和品牌也考虑为有关商品的对比分析，如表 2.17 所示。有研究通过数学模型计算了测量企业可持续发展力的各项指标数值，用指标值进行企业间的比较（Krajnc et al.，2005）；也有研究利用文本挖掘技术收集社交媒体中的信息，在相同特征上进行比较（He et al.，2013；Amadio & Procaccino，2016；Kim et al.，2016）。这些研究都发现了消费者评论中比较信息的重要价值，认为基于消费者的比较信息能够提供更真实详尽的商品间对比情况。从这些研究中不难发现，越来越多的研究关注到了从社交媒体中获取的消费者观点能够更有效地描述商品的特征，从而与其他商品进行比较。特别是由消费者生成的含有比较观点的信息，是基于消费者个人使用经历和体验的最直接的商品“评测”，更具有可信度。但是，本书在调查中发现，消费者评论数量是有限的，有些商品并不一定会有直接的比较观点。因此，对于这些商品需要从评论中提取有效的信息进行对比研究。

表 2.17　　商品对比分析研究

文献	比较对象	方法设计
Krajnc et al., 2005	比较两家企业的可持续发展绩效	提出计算可持续发展能力的数学模型计算各个指标，然后用雷达图进行对比展示
Xu et al., 2011	手机对比	通过消费者评论中的比较关系对商品进行比较
Zhang et al., 2013	数码相机比较	通过挖掘消费者评论中的比较关系形成商品间的比较网络
He et al., 2013	三家知名 Pizza 连锁店比较	从社交媒体数据中提取出消费者评价信息进行文本挖掘，找到不同特征的消费者评价观点进行竞争力分析，在不同特征上综合比较三家连锁店
Kim et al., 2016	iPhone 6 和 Galaxy S5	从 Twitter 上收集两个商品的文本信息，采用情感分析和自然语言处理技术分析消费者的购买意图和情感倾向性，并能够预测销量
Jin et al., 2016	手机比较	通过挖掘手机评论中的比较关系提取消费者需求，再结合质量功能展开技术转化为工程特征，从而进行商品间优势与劣势的比较
Amadio & Procaccino, 2016	三家旅馆比较	基于 Advisor 的旅馆评论数据，采用文本挖掘的方法提取出其中消费者关注特征和可用于 SWOT 分析的关键信息，获得特征的比较观点信息，进行综合分析

2.3.4 研究评述

竞争环境分析对于理解市场结构，识别竞争对手，调整市场策略十分重要。许多研究已意识到商品之间存在着各种各样的关系，如关联关系、相似关系以及竞争关系。如果将商品看作一个节点，这些联系看作边，便形成一个巨大的商品关系网络，这样的网络蕴藏着重要的市场信息。本书主要关注由商品比较关系形成的关系网络，尽管很多研究已经进行了尝试。但是，如何识别并挖掘出更多潜在的市场价值仍有待完善。

（1）商品网络关系的构成有待深入。大多数研究只停留在存在比较关系即视为商品有关联，并且这种关联是没有方向的。实际上，参考一些研究成果，商品间的联系可以更加细化，例如考虑情感极性和特征差别（Zhang et al.，2013）。

（2）从社交媒体中挖掘出竞争对手信息。关于竞争对手识别的研究已经从早期基于市场和资源的相似性识别，逐渐延伸到了通过共同客户或消费者识别竞争对手。基于管理者的角度，他们更关注具有直接威胁的竞争对手。在社交媒体中，消费者会分享自己对于具有竞争性的两个企业、两个品牌或两个商品间的对比观点，这为提供竞争对手识别提供了最直接的情报来源。

（3）商品间的对比研究具有重要实践价值。关于商品间的对比，在工业界和学术界早期常用的方法就是将特征信息全部罗列出来，供消费者自己比对。这样的形式并不能为消费者带来更好的决策辅助，因为商品的客观参数不能代表消费的真实体验。因此，部分研究希望通过挖掘消费者的使用体验来进行商品好坏的判断（Fan et al.，2016）。尽管已有研究发现，商品间的比较观点信息在进行商品对比时能够发挥价值。但是，这些研究内容不够细致，如并不是所有的两个商品都会存在直接的比较观点。对于这样的比较如何处理，本书将进行探索。

（4）鲜有研究对商品竞争环境进行全面的分析。尽管很多成果已经明确说明比较关系网络能够用于市场结构研究、商品竞争力分析，但是鲜有研究围绕竞争环境进行深入细致的分析。本书将完善这方面的不足，探讨通过在线评论信息详细分析竞争环境的可能性。

2.4　比较信息的有用性研究

网络技术的发展使得许多传统的购物行为发生改变，消费者不再需要到现场进行挑选和购买，可以通过阅读他人的评论来辅助购物并进行决策。在线评论作为网络口碑的重要形式，丰富完善了传统的商品口碑资源，深入地影响了人们线上和线下的生活。

消费者对商品的认知受到在线评论的影响，评论中包含的信息成为影响消费者决策的关键因素（Salehan & Kim，2016；Lee et al.，2017）。在线评论不仅能够帮助企业树立良好的品牌形象，还能够有效促进商品销量。因此，海量商品评论数据的挖掘和应用一直是学术热点。

越来越多的消费者愿意通过社交媒体分享购物体验，直接促进在线评论数量的急剧增加。以大众点评网为例，许多餐馆的评论数量都在万条以上。如此大量的在线评论尽管提供了比较全面的信息，但是对于消费者来说，也造成了信息过载问题，不可能通过阅读所有评论全面了解该商品。因此，在大量的信息中快速识别有用的评论对提高消费者的决策效率、快速准确了解商品的客观情况具有重要意义。

2.4.1 评论产生的电子口碑效应

围绕某一个商品的评论信息形成的电子口碑（Electronic Word-of-Mouth，eWOM）资源，包含来自众多消费者的使用体验，通过分析这些内容，能够对该商品进行较为全面的描述。研究发现在书籍、影视、酒店、餐饮以及各种各样的商品中，在线评论均形成了直接的口碑效应。许多研究者致力于这方面的工作，他们认为电子口碑信息作为用户生成内容（User Generated Content，UGC），是消费者之间关于购物或服务的交流与体验，会影响其他消费者对于商品的认知，进而影响决策。与传统的通过口头传播的口碑资源相比，电子口碑资源更加客观，数据量更大，传播范围更大，速度更快。

电子口碑所形成的口碑效应主要影响的是商品销量，研究中所选取的电子口碑维度通常为在线评论的数值信息和情感信息。主要的研究如表 2.18 所示，一些研究发现了图书评论与图书销量之间的高度相关性（Chen et al.，2004；Chevalier & Mayzlin，2006；Forman et al.，2008），也有研究证实电影评论数据能够显著影响票房收入（Dellarocas et al.，2007；Duan et al.，2008）。除了关注评论数量，部分研究发现了极端差评（1 星评论）比极端好评（5星评论）对销量的影响更大（Chevalier & Mayzlin，2006）；在电影评论中，电影评论数量比评论极性对票房收入有更显著的解释能力（Liu，2006）；评论极性和页面浏览量能够有效促进搜索型商品销售，而评论数量对经验型商品的销售更显著（Cui et al.，2012）；在酒店行业中，通过酒店行业数据发现了评论极性对高档酒店影响显著，评论数量对低档酒店的销量有直接影响，评级对经济型和中等规模以下的酒店影响不大，对高档酒店有负面影响（Blal & Sturman，2014）。

表 2.18　　口碑效应研究

文献	研究	因素	发现
Chen et al.，2004	书评对书籍销量的影响	评论数量	图书评论数量与书籍销售数量正相关
Chevalier & Mayzlin，2006	图书评论情感极性与书籍销量关系	评论星级评价	极端差评（1星评论）比极端好评（5星评论）对销量的影响更大
Liu，2006	电影评论数量与评论极性对票房的影响	评论数量和评论极性	电影评论数量比评论极性对票房收入有更显著的解释能力
Li & Hitt，2006	评论数量、极性与购买行为关系	评论数量和评论极性	评论数量和极性对用户购买行为有显著影响，并且影响程度随时间有变化
Forman et al.，2008	评论者信息披露、评论有用性对图书销量排名的影响	评论者信息、评论有用性	评论者信息和评论有用性与销量排名正相关
Duan et al.，2008	电影评论与票房的动态影响关系	评论数量	电影评论与票房相互促进、相互影响
Ye et al.，2009	评论情感极性对酒店销量的影响	评论极性	酒店评论的情感信息对销量具有显著影响
Lee & Lee，2009	商品评论与不同类型商品关系	评论文本信息	有统一评价标准的商品，评论有利于用户对商品进行比较，而对于评价标准各异商品影响不显著

续表

文献	研究	因素	发现
Zhu & Zhang, 2010	视频游戏评论，玩家特征与销量的关系	评论极性与玩家特征	对于不流行的游戏和经验丰富的玩家，产品评论更显著
Berger et al. , 2010	负面评论信息对商品意识和销量的影响	负面情感极性	负面宣传可以通过提高商品意识来增加购买的可能性，进而促进销售
Ghose & Ipeirotis, 2011	评论极性与不同电子产品销量关系	评论极性	评论情感信息显著影响音频/视频播放设备，但对数码相机的影响并不显著
Cui et al. , 2012	评论数量、评论极性、页面浏览量对不同搜索型商品和体验型商品的影响	评论数量、浏览量和评论极性	评论极性和页面浏览量有效促进搜索型商品销售，评论数量对经验型商品的销售更显著
Floyd et al. , 2014	评论极性、评论数量对商品销量的影响	评论数量和评论极性	评论极性对销量的影响更为显著
Hu et al. , 2014	评论星级和评论情感与销量的关系	评论星级与评论极性	评论极性对销售有直接的重大影响，星级评级对销售没有显著的直接影响，但通过极性可实现间接的影响
Blal & Sturman, 2014	评论数量、评级和评论极性与不同酒店销量的影响	评论数量、评级和评论极性	评论极性对高档酒店影响显著，评论数量对低档酒店的销量有直接影响。评级对经济型和中等规模以下的酒店影响不大，对高档酒店有负面影响
Liang et al. , 2015	评论信息（质量信息与服务质量信息）对销量的影响	评论中文本信息与情感极性	含有商品质量信息和服务质量信息的 App 评论对于 App 销量（特别是免费 App）有显著的影响
Kim et al. , 2016	评论数量、整体评价、优秀奖励与餐厅业绩表现的关系	评论数量、评论极性、优秀奖	评论数量对餐厅财务表现的三个指标（净销售额，客人数量和平均消费单价）有显著的影响，整体评价也影响销量，对于已获得优秀奖的餐厅，评论数量和整体评价作用更为显著

综上所述，口碑效应的两个主要维度即评论数量和评论极性，在多个行业数据中已经被证实了与销量存在强关联性。但是，不同的商品、行业、档

次，甚至不同的消费者类型，评论数量与极性对销量的促进作用并不相同。其背后隐含的影响机理并没有得到有力的探索。由此可见，电子口碑效应确实能够影响商品的销量，无论是通过数量还是极性信息，都会对消费者产生影响。未来的研究应该更关注影响机理层面的探究，如为什么电子口碑对不同的商品类型会有如此显著的差异。

2.4.2 评论有用性研究

消费者购买决策理论指出消费者在购物过程中要经历需求认知、搜索信息、评估方案、购买决策、购买后评价五个阶段，其中，最关键的是搜索信息阶段，为了减少不确定性，消费者需要尽可能地搜索信息。但是顾客无法获取海量评论所有的内容，因此他们需要关注有价值的评论，这就涉及了评论的有用性评价。

评论有用性的研究一直是热门研究领域，主要原因是评论文本包含了较多属性。评论者的属性包括评论者的注册时间、发布的评论数量、评论者的贡献值、是否上传头像，以及好友、粉丝的数量等信息。评论的内容属性包括评论文本长度、写作风格、评论内容是否包含细节、细节的类型以及是否上传商品图片等信息。评论的效价属性包括评论的情感极性、模糊性、是否涉及正反表达等信息。许多研究中选取其中的关键特征进行检测，如表2.19所示。有研究就分析了具体的评论内容，认为含有客观和高度主观的内容影响了评论有用性的判断（Ghose & Ipeirotis，2011）；而评论内容可读性是评论有用性判断的关键属性（Korfiatis et al.，2012）；专家撰写的评论以及包含较多细节信息都显著影响评论的有用性（Li et al.，2014）；不同评论类型对有用性有影响，含有比较的评论和含有建议的评论都能够影响有用性（Li et al.，2014）。此外，不少研究证实，评论的数量、评论者的以往评论、评论者排名、评论者声誉、评论者名字、评论者头像、评论长度、评论者身份的披露、评论深度对在线评论有用性影响显著（Lee & Choeh，2016；Lee & Choeh，2017；Karimi & Wang，2017）；具体在文本内容层面，文本可读性、极性、主观性、信息熵等因素均可以显著影响有用性的判定（Singh et al.，2017）。

表 2.19　　评论有用性研究

文献	数据	研究	发现
Ghose & Ipeirotis，2011	来自亚马逊的电子产品数据	基于计量、文本挖掘和预测模型的评论信息挖掘研究，能够评估有用性和经济效益	评论中包含客观和高度主观性信息被认为更为有用
Korfiatis et al.，2012	来自亚马逊的书籍评论信息	研究在线评论有用性与评级分数、文本可读性之间的交互作用	评论可读性比评论长度对评论有用性的评价具有更显著的作用
Li et al.，2014	来自亚马逊的评论数据	从评论来源和内容上研究评论有用性	基于评论来源和内容的评论特征对有用性有直接影响，消费者认为普通消费者撰写的评论比专家的更有用，包含具体内容的评论比抽象评论更有价值
Lee & Shin，2014	来自 Facebook 和 Yahoo 的不同类别商品评论	评论质量如何影响参与者对评论的接受程度和对来源的评估，以及这些效果如何因产品类型和评论者照片信息而变化	参与者购买商品的意愿随着高质量的评论而不是低质量的评论而增加
Qazi et al.，2016	来自 TripAdvisor 的评论信息	结合评论者的定量和质量特征构建评价有用性概念模型	评论类型和概念对评论有用性有不同程度影响，评论长度与有用性负相关
Salehan & Kim，2016	来自亚马逊的 20 个不同商品的评论数据	影响评论有用性的因素研究	含有正向情感的高水平评论标题和中性文本信息、评论文本长度和时间都与评论有用性显著相关
Lee & Choeh，2016	来自亚马逊的评论数据	影响不同类型商品评论有用性的因素	评论者声誉、评论者身份的披露、评论深度对在线评论有用性影响显著，其中商品数量和评论者身份披露对体验型商品有用性影响较大，而评论者声誉、评论极性、评论深度对搜索型商品有用性影响较大

续表

文献	数据	研究	发现
Lee & Choeh，2017	来自亚马逊的消费者评论数据集	从评论文本信息和评论者特征研究影响评论有用性的决定	商品评论总数、评论者的历史评论、评论者排名、评论者名字和评论长度是主要影响评论有用性的特征
Karimi & Wang，2017	来自手机应用程序评论	视觉线索与评论有用性的关系，图片如何影响在线评论	评论者的头像通过装饰作用吸引了注意力和情感回应，从而显著提高评论有用性
Singh et al.，2017	来自亚马逊三个类别的商品	预测评论的有用性	文本特征（可读性、极性、主观性、信息熵）和商品平均评价是影响评论有用性的最重要元素

众多学者在评论有用性的判定上作出了努力，但是由于涉及的属性太多，无法全面系统地探索所有相关因素，仍然有些未知属性能够显著影响评论有用性，有待于进一步探索。本书也注意到，最新的研究内容关注到评论文本本身的属性上，如评论的深度、评论的可读性、评论的主观性、评论的类型等。特别是一些研究提出了比较评论能够影响评论有用性，但是并没有考虑不同的比较类型，以及其他属性与比较的交互作用。本书将在前人研究的基础上，继续深入探索影响评论有用性的因素，主要考虑比较信息对评论有用性的影响效果。

2.4.3　评论中比较信息的有用性探索

第 2.2 节已经说明了在线评论中存在着一定数量的比较信息。本书认为大体上所有的评论内容可以分为两种：一种是单一商品的评论观点，即直接表达情感倾向性的评论；另一种是包含比较信息的评论观点，即提供情感基准的评论。相比于单一评论观点，比较信息具有更高的信息含量和质量，提供了一种评估的尺度，因而更具有说服性。这与社会比较理论中相关阐述相一致。

社会比较理论是美国社会心理学家利昂·菲斯汀格（Leon Festinger）在1954年提出的理论，对于个体在缺乏客观的情况下，常常会利用他人作为比较的尺度来进行评价。社会比较理论的基础是建立在人与人之间的比较关系上。菲斯汀格等研究者在观察中发现每个人都具有想要清楚地评价自己的意义和能力的动机。如果有评价自己意义和能力的物理的、客观的手段，会优先使用这种手段。如果找不到这种手段，就会通过与他人进行比较来证明自己的意义和能力。同时，人们常常选取与自己类似的人作为比较对象。随后，更多的研究者用社会比较的观点来探讨各种各样的社会行为，认为社会行为的发展和改变都与比较息息相关。如已有的研究涉及态度的变化和传播、团体内的竞争、对社会事件的评价、事物间的吸引等。

本书重点关注比较信息在态度和传播上的影响。欧美国家在很早就认识到比较信息具有极强的说服性，能够引导消费者进行购物选择。工业界采用比较广告（Comparative Advertisement）的形式来进行购物引导。在表2.20所示的成果中，一些研究也围绕比较广告的说服效应进行探索，一些研究发现了价格比较广告能够显著影响消费者购买意愿（Gotlieb & Sarel，1991；Grewal et al.，1998）。此外，不同的消费者群体、不同的比较广告形式、不同的比较类型对比较效果的影响具有显著差异（Chang & Chou，2008；Yagci et al.，2009；Kalro et al.，2013）。

表2.20　　比较广告的说服效应

文献	研究主题	发现
Della Bitta et al.，1981	消费者对价格比较广告的认知	价格比较能够有效促进消费者的购买欲望
Gotlieb & Sarel，1991	从信息来源角度研究比较广告产生的效应	当参与度更高并且广告中包含的信息具有更高可信度时，新商品品牌的比较广告对消费者的购买意图有更积极的影响
Grewal et al.，1998	价格比较广告对消费者价格认知和行为的影响	价格比较广告能够有效影响消费者对商品的价值判断，增强购买的意愿

续表

文献	研究主题	发现
Chang & Chou，2008	比较信息在不同人群中的说服性	当比较带来正面的效果时，以强调优势为重点的消费者体验到比预防型消费者更强的说服力。当比较带来负面效果时，以预防为主的消费者体验到更强的劝说效应
Yagci et al.，2009	比较广告形式对消费者反应的影响	不同的比较形式起到不同的效果，当广告中展现与该类型商品具有高度相关的品牌信息时，ABC形式的广告会造成消费者有利的品牌认知；当展现无关属性的比较信息时，ABC 形式广告造成不利的效果
Kalro et al.，2013	直接或间接比较信息对信息处理模式的调节作用	直接比较广告更适合用理性和语义去说服，而间接比较广告内容更适合于采用非语言的感官信息进行处理

此外，比较信息的有用价值也在医学领域得到验证，能够有效降低风险感知，部分研究如表 2.21 所示。这些研究成果均证明了比较信息在调节病人风险认知中的重要作用，能够有效辅助病人接受治疗。

表 2.21 比较信息的风险感知

文献	研究主题	发现
Fagerlin et al.，2007	比较信息影响人对风险和收益的认知	比较风险的信息能够改变人们的风险感知。具有高于平均水平风险的病人更愿意接受治疗，而不是充分考虑风险和利益的平衡
Dillard et al.，2011	比较信息在疾病预防中的作用	比较风险感知信息显著影响病人的焦虑与风险认知
Mora et al.，2013	自我评估健康在形成比较健康评估中的作用	动机因素会影响比较信息的风险判断
Schwartz et al.，2016	比较信息在病人治疗中的作用	比较信息能够有助于指导决策，提高认知质量或理性，医生和决策助手也应该向病人提供这类比较风险信息

2.4.4 研究评述

上述研究证明了比较信息在影响人类认知中的重要作用，能够引导消费者购物选择，辅助病人进行有效治疗。近几年，一批学者对社交媒体中的比较信息产生了浓厚的兴趣，但是这些研究多数围绕比较信息的识别、抽取与应用展开，较少涉及比较信息在电子口碑效应中的影响。尽管很多研究成果认识到了比较信息在商品选择、比较和决策中的作用，但是缺乏系统全面地探讨在线评论中比较信息对消费者认知的影响。在线评论中的比较信息与先前的比较信息研究内容是不同的：第一，在线评论中比较信息数量较多，而且比较的形式各异；第二，由于评论者具有不同的购物体验，评论中所表达的比较信息并不一致，有时是完全相反的比较观点；第三，在线评论中的比较信息受众更广，影响范围更大；第四，由利益不相关的第三方发表的一种观点或体验，更具有客观性和说服力。因此，对在线评论中比较信息进行研究是很有意义的，是对口碑效应的进一步剖析。本书将全面系统地验证在线评论比较信息与评论有用性的直接关系，弥补这方面研究的不足。

第3章 在线评论比较关系的识别与抽取方法

3.1 比较关系识别与抽取的价值

互联网技术的飞速发展，越来越多的人喜欢通过社交媒体分享自己对某一事物的认识、观点和体验。特别是关于商品的评价信息，反映了消费者对商品的主观看法，这些信息形成重要的口碑资源，为企业提供了解消费者意见的机会，以及了解竞争对手下一步决策的依据，也为其他消费者提供了参考。现有调查表明，93% 的消费者表示在线评论会影响他们的购物选择，并且大多数消费者有定期阅读在线评论的习惯，对于评论的信任度较高。同时 82% 的消费者认为评论内容相对于数量和星级评价更为重要。① 因此，对于消费者评论的情感分析研究在近几年一直是热门领域。

然而，单一商品的情感分析是不够的，这是因为情感分析只能获得评论人对这个商品的个人感受，很容易造成误导信息和错误信息。例如评论“这家的环境太棒了!”情感极性为正向，强度为“太棒了”。在线评论中含有大量的类似信息，只简单地表达“好”和“坏”。但是这种观点缺乏评价标准，该消费者认为的“好”并不一定是真正的“好”。而评论中一些特殊的信息，特别是含有比较关系的信息，被认为更有价值。

---

① 中文互联网数据研究资讯中心．Podium：研究显示 93% 的消费者表示在线评论会影响购物选择［EB/OL］．http：//www. 199it. com/archives/580674. html，2017－04－10.

比较是人类认识世界的一种重要手段，具有较强的说服力。在语义上，通常直接表述了两个或两个以上事物间的对比信息，即在某属性上的差别关系。一个典型的比较句通常包含四个基本元素：比较主体（需要被比较的目标）、比较客体（用于作为标准的物体）、比较特征（具体的属性或维度）以及比较结果。如一条关于三星手机的评论“三星手机的屏幕一般比苹果的要大”，比较主体为“三星手机”，比较客体为“苹果手机”，比较特征为“屏幕”，比较结果为“大”。

英文比较句通常带有鲜明的比较词，如含有“-er”或“-est”结构的比较词。中文比较句不具有比较级或最高级的形态，并且普通词语、成语以及谚语等也可以表达比较的含义。可以通过词汇表示，如“更慢”“难一些”；也可以通过句法手段来表示，如“他比我慢”；甚至通过上下文或语境表示，如“这道题不算难，那道题才难呢”。中文由于格式上的灵活多变，给比较句的识别带来了困难，中文比较句的识别一直是难点。

含有比较信息的评论文本占评论总数量的10%以上（Jindal & Liu, 2006）。消费者在使用过产品或体验过服务后常常会将此次购物体验与其他同类体验进行比较，并通过评论文本发表比较观点，这为其他消费者提供了宝贵的参考建议。因为消费者在进行购物决策时，常常会挑选出多个商品进行候选，考虑它们之间的优劣关系，作出更好的购物选择。这些比较信息可以直接帮助他们发现商品在某些方面的共性和差异。通过对比，不但消费者对商品有进一步的认识，而且能够帮助企业进行商品改进。随着网络数据的指数型增长，大量的比较信息很难通过人工识别，对中文在线评论比较信息的自动挖掘需求逐渐凸显。因此，有必要采取有效的技术手段来识别、抽取以及量化这些比较信息。

比较关系挖掘可以总结为分类、识别、抽取要素三个步骤。对于分类，可将比较句根据平比、差比、极比等细分类别进行判别。对于识别，现有研究表明，通过序列模式的方法能更好地识别出大多数比较关系。对于抽取，首先是提取出比较要素，然后进行要素的量化研究。因此，本章基于已有研究成果，并针对之前研究的不足，提出以下研究问题：

（1）如何有效识别出中文在线评论中的比较关系；

（2）如何有效提取出含有比较关系的中文在线评论中各个比较要素；

（3）针对抽取出的比较要素，如何采用有效的方法进行量化研究。

3.2 比较关系识别与抽取的技术框架

比较关系挖掘分为三个子任务：比较关系识别、比较关系抽取、比较关系倾向性分析，它们属于层层递进的关系。对于比较关系识别，首先根据评论中的比较句式、指示词，结合比较句式研究成果对在线评论中比较句的结构进行分析，划分类别并根据不同类别建立对应的规则；然后采用机器学习技术应用到大量在线评论文本上，识别评论中的比较句并进行类别标记。对于比较关系抽取，则将提取出的不同类型比较句根据各自特点进行比较关系要素的抽取，确定该评论对象为比较主体，评论中其他商品为比较客体，抽取否定词、形容词、副词、动词进行分析，建立特征比较观点对。对于比较观点挖掘，则根据抽取结果结合情感分析技术进行比较观点倾向性分析，获取情感倾向性及情感强度。研究框架如图3.1所示，本章根据语料特点将比较关系识别、比较关系抽取、比较关系倾向性分析进行了整合，设计出比较关系的识别方法，并提出了一个完整的抽取特征比较情感对的模型。

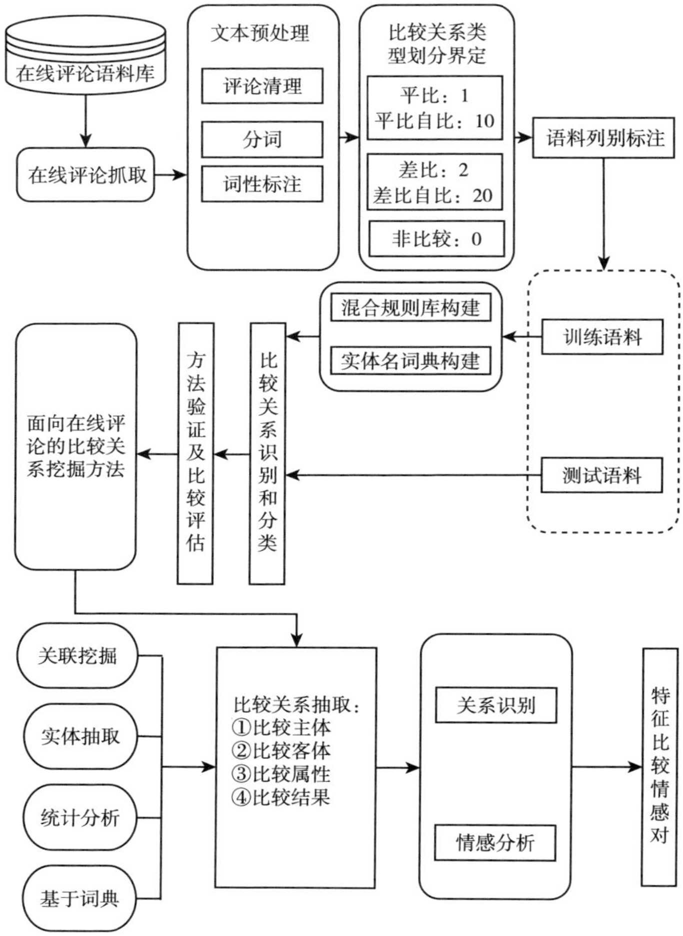

图 3.1　比较关系识别与抽取的技术框架

3.3　在线评论比较关系识别

3.3.1　比较关系范畴划分

比较关系范畴研究是汉语比较关系研究的重要基础，主要依托于比较句的语法分析。与英文不同，中文比较句不具有比较级和最高级的标志词，大量的普通词语、成语都可以表达比较含义。语言学中很早就对比较句进行界定。如马建忠将其分为平级、差级和极级；黎锦熙分为平比、差比和审决；吕叔湘分为类同、比拟、近似、高下、不及、胜过、尤最、得失、倚变；高名凯分为差级和极级两个范畴。如果比较句的范围过于宽泛，就会显得庞杂，不利于比较关系的识别。因此，本章基于前人的研究成果，把比较关系划分为平比和差比两个次范畴，而把极比视为差比的下位概念，如表 3.1 所示。

表 3.1　中文比较句的范畴划分

比较范畴		定义	比较对象	示例
平比		被比较对象间相似或相同，无优劣之分	指定的单个/多个对象	环境是我喜欢的风格，感觉跟大秦风格很像呐
			自身	跟以前一样，还是那么好吃
差比	高低/差异	被比较对象间存在差异或高低优劣之分	指定的单个/多个对象	没有虹桥路的那家哆~ 天津路店新开有 75 折优惠，这家就没有了
			自身	现在的环境比本来稍微好一点
	极比	所有比较对象中的极值	指定/未指定的多个对象	所有门店差不多都吃过了，感觉这家最差

在比较关系类别划分的基础上，需要对比较关系的结构进行分析。众多学者立足于比较词以及比较句式的研究，特别是不同的比较范畴，往往具有不同的语法特点、结构特征以及关键词的差别。如平比的典型句式为“A 和 B 一样”，“跟/和/同/与”是常用的关键字，并且需要和“一样、相似”等词语搭配来表达平比含义。此外，还有一些平比的非典型规则，如“有……那么”“像……一样”“不比……差”等。而对于含有差比关系的语句，通常含有“比/比较/相比”这样的关键字，以及“不比/没有/不如”等否定形式。比较这两种范畴，研究发现平比的否定形式能够形成差比关系，

如“没……那么”“和……不一样”“不像”等。而含有差比关系的语句则形式多样。综合已有研究成果和大量的实例证明，本章发现平比关系主要依赖于一些关键词的变化，而差比关系则更依赖于句子结构和成分的变化。因此，平比关系的识别不会受到领域限制，依靠其特殊关键字能够有效识别出含有平比关系的内容。对于差比关系，通过模式库是有效的识别方法。但是人工构造模式库将会造成极大的工作量，无法完全罗列所有模式。基于序列规则的方法能够放宽对比较词语的约束，尽可能地获取语料的比较模式。本章将采取类别序列规则进行规则库的构建。

3.3.2 比较类别序列规则构建

3.3.2.1 规则生成策略

已有研究表明，不同的规则生成策略会影响比较句的识别。特别是非结构化的中文在线评论语句，由于未严格执行语法特征，结构极其松散，并且表示比较关系的词语有时会相隔很远。有研究指出，模式的长度对规则识别技术有较大影响，模式越长就会得到越多的模式数量，进而导致生成分类器的特征越繁杂（Huang et al.，2008）。从其实验结果看（如图 3.2 所示），以关键词的上下窗口为序列的策略要优于整个句子的策略（以句号为分界）。特别是在图 3.2（a）中，当窗口半径是 5（C5），达到最优分类效果。从图 3.2（b）中可以看到，当规则模式为 1 的时候（含有一个词），识别的准确率最高，但召回率最低。综合来看，模式长度为 2 和 3 比较合适，达到较好的综合分类效果。因此，本章针对中文评论语句，以分句为划分，一个分句视为一个序列。这是基于先前的研究成果，并根据真实数据观察，发现大多数比较结构都出现在一个分句中，而不是跨分句出现。当评论中有一个分句包含比较关系，不仅可以判别该评论内容存在比较信息，而且生成的模式基本包含两三个词为较合理的选择。

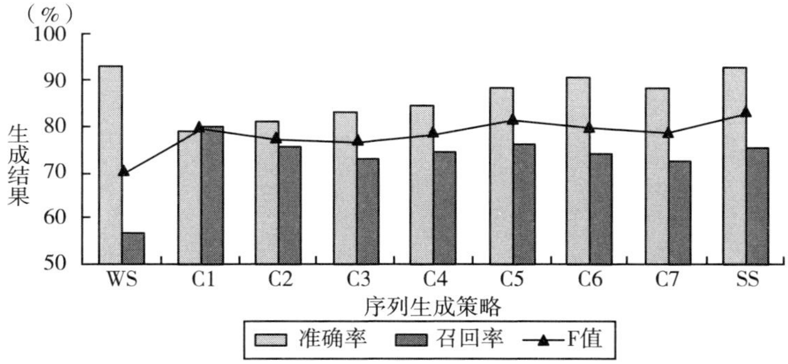

（a）窗口半径检测

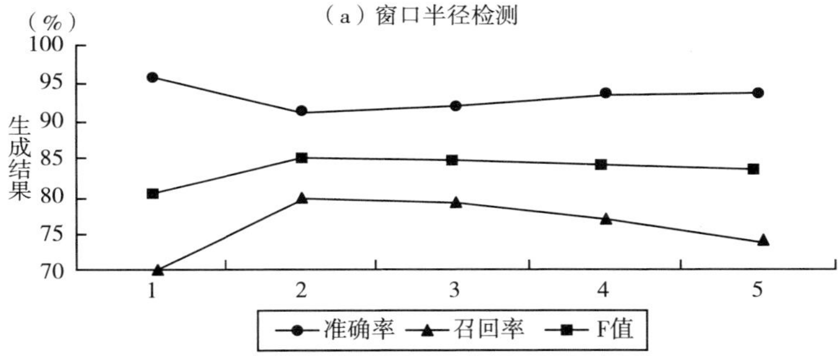

（b）序列模式长度

图3.2 序列数据生成策略对识别效果的影响

资料来源：Huang, X., Wan, X., Yang, J., & Xiao, J. Learning to Identify Comparative Sentences in Chinese Text [C]. PRICAI 2008: Trends in Artificial Intelligence, 2008: 187-198.

3.3.2.2 规则过滤

根据CSR方法，对于序列规则中的非关键词，本章都只是提取了词性。尽管采取的是基于同现关键词的策略，但仍不可避免地存在很多规则中出现关键词同时对应差比关系和非差比关系的情况。因此，有必要通过设置最小支持度和最小置信度阈值来对这些规则进行筛选，这样能够保证规则的质量。支持度（Support）和置信度（Confidence）是提升规则质量最常用的两个指标，支持度是指数据集合中满足该规则的实例所占的比例，置信度是指数据集合中满足该规则的实例与覆盖该规则的实例的比值，表3.2给出一个实例。在该例子中，项的全集为 $s = <1, 2, 3, 4, 5, 6, 7, 8, 9>$，类别集合 $C = \{c_1, c_2\}$。

表 3.2　　类别序列规则实例

序号	序列	类别
1	<{1}{3}{4,5}{9}>	c_1
2	<{1,2}{3,4}{5,6}{8}>	c_1
3	<{2}{6,7}>	c_2
4	<{1}{2}{4,6}{7}>	c_2

基于已经标注类别的序列数据集，假定最小支持度为40%，最小置信度为50%，从表 3.2 中可以获得以下规则：

$<\{1\}\{3\}\{4\}\{5\}>\rightarrow c_1$ (Support = 2/4, Confidence = 2/2)

$<\{7\}>\rightarrow c_2$ (Support = 2/4, Confidence = 2/2)

$<\{6\}>\rightarrow c_2$ (Support = 2/4, Confidence = 2/3)

$<\{2\}>\rightarrow c_2$ (Support = 2/4, Confidence = 2/3)

同时，对于中文比较关系识别，在元素出现频率相差比较大的语料中，如果只用固定的阈值进行筛选，效果很差。对于该问题的解决，多数研究通过设置多重最小支持度阈值的方法，当支持度 $Sup(r)$ 大于 $\lambda \cdot \min(f_i)$ 时，该规则才能用来进行关系的识别。但是，当遇到频率非常低的序列项时，可能使得支持度阈值小于$\frac{1}{N}$（N 为序列集大小），从而导致计算量的显著增加。因此，进一步提出了一种改进的计算多重最小支持度阈值方法（Huang et al.，2008），要求类别序列规则必须满足如下的约束条件：

$$Sup(r) > \max(\lambda \cdot \min(f_i), s) \tag{3.1}$$

其中，f_i是规则 r 中第 i 个项在数据集中出现的频率，λ 是（0，1）之间的阈值，s 是大于$\frac{1}{N}$的支持度阈值，各参数设定 $\lambda = 0.1$，$s = \frac{2}{N}$。关于置信度阈值的设定是考虑到非差比关系和差比关系都含有表示比较的关键词，并且前后邻近的词语及词性也都类似。本章经过多次实验选定阈值为 0.7，比黄小江等（2008）的设置略有提高，这样能够保证 CSR 在识别上的准确率，也限制了最终入选CSR的数量，避免规则过度拟合。

另外，尽管通过设置多重支持度阈值，能够将规则尽可能地抽取出来。但是依然无法完全避免抽取出的规则同时满足平比关系、差比关系，甚至非比较关系。这不是依靠模式识别方法能圆满解决的问题。特别是非差比关系极容易被误判为差比关系。针对这一问题，本章将已经被规则预判为比较关系的语料，通过扫描产品名表，进行实体名的二次识别，能够有效过滤被CSR误判的语料，整体上提高规则的判别准确率。

3.3.3 混合规则库构建

本章所构建的混合规则库主要包括两类规则：人工模式和类别序列规则。首先将符合差比类别序列规则的语句判别为差比关系，然后针对非差比关系，基于人工模式判别其为平比关系或非比较关系。所构造的人工模式库包含关键词词典以及平比句同现模式词典，这需要基于语言学研究成果和具体的领域特征进行人为定义和构造。类别序列规则是将人工判别的大量语料结合所设定的多重置信度阈值和最小支持度阈值，最终归纳出用于识别比较关系的规则。

根据语言学中比较范畴的研究成果，总结平比关系的主要特点为：第一，比较关键词和比较结果词常搭配出现；第二，能够指示平比含义的关键词可以归纳得出；第三，关键词和同现模式也是可以通过穷举实现的。但是对于差比关系，由于存在较多的特殊词语，且表示比较结果的词随着评价领域的不同可以有很多变化，如“比……好吃”（餐饮）、“比……好用”（手机），利用穷举法识别规则，很难在其他领域得以应用。特别是遇到一些新词汇（如网络词），还需要不断地更新词库。但是这种类型的比较句，含有比较成分的词语多为形容词或动词，因此非常适合使用CSR方法。以词性来替代和提取其中的比较含义，能有效减少人工干预。

首先，构建关键词词典时，主要包括表示差比关系的比较词，以及表示平比关系的比较词和比较结果词。比较常见的词语有“和/跟/与”“比/比起/

相比/比较”“不如/不比/没有”等，一些较为特殊的词语有“模仿/像/媲美/赶超/超越”等。研究中发现评论中有不少表示自比的特殊比较词，对于这些词语，另外添加自比标识用来区分。关键词词典的部分词语如表3.3所示。此外，考虑到中文比较关系在结构上的复杂性，无法像英文一样只通过一个词（如“than”）就可以判别是否包含比较关系，往往要通过两个或两个以上的词语组合指示这种比较关系。并且这些词语之间还存在一定间隔，甚至在不同的分句中。基于此，本章在关键词词典的基础上，添加同现模式将比较关键词和其他词语进行搭配，如表3.4所示，能够有效识别平比关系的比较词和比较结果词成对出现的情况，如“和/跟/与……一样/相同/类似/相像”等。在研究大量评论文本基础上，本章假定表示一个完整的比较关系至多需要2个词语，并且针对单独出现的词语也可以作为比较关系的关键词，其同现模式即为该关键词自身。

表3.3　关键词词典示例

序号	关键词	适用类型
1	和/c	平比，差比
2	差不多/l	平比
3	跟/p	平比，差比
4	一如既往/i	平比，自比
5	越来越/d	差比，自比
6	比/p	差比

表3.4　关键词同现模式示例

比较类型	同现模式	
平比	2 差不多/l	
平比	2 跟/p	3 差不多/l
差比	1 和/c	6 比/p
平比（自比）	4 一如既往/i	
差比（自比）	5 越来越/d	

在考虑关键词同现模式的基础上，构造CSR模式。面对差比关系，随机抓取含有关键词的语料，将每个分句视为一个单位。首先提取关键词及词性

放入序列中，然后抽取分句中其他词的词性放入序列中，并存储该句的类别，形成完整的序列规则模式，最后通过最小置信度和支持度阈值筛选出用来进行比较关系判别的类别序列规则。

对平比类型，基于语言学研究成果，同时考虑动态自比的平比句模式。这种类型只对关键词和词性约束，其他成分不做限制。提取出关键词同现模式中表示平比关系的模式作为平比模式库。只要符合平比模式的关键词能够同时出现在这个分句中，则当前的语句就可判别为平比关系。综合上述研究，表3.5即为最后用于识别比较关系的混合规则库。部分关键算法伪代码如表3.6所示，本章采用VB算法实现混合规则库的构建。

表3.5　混合规则库示例

平比句	{一如既往/i}（自比）
	{和/c，差不多/l}
	{跟/p，差不多/l}
	……
差比句	{/n 越来越/d/a，“差比”“自比”}
	{/n 比/p/ns/a，“差比”}
	……

表3.6　比较关系识别关键算法伪代码

算法1. 关键词同现模式识别

输入：分词并标注好词性的语料“实验语料.txt”，关键词词典“比较模式.txt”
输出：包含关键词的语料“比较关系语料.txt”

```
1.  //首先读取文件“比较模式.txt”，将其储存于数组SeqArray中。
    Fin.open("比较模式.txt",ios::in);
    While(! fin.eof())
      Str = readline();
      Strcpy(SeqArray[k].seq,str);
      Slen[k] = Len(SeqArray[k].seq);
      k++;
    Fin.close();
```

续表

```
2.  //然后扫描语料文件“实验语料 . txt”，匹配比较模式，输出该语料和其模式匹配的编号。
    Fin. open("实验语料 . txt",ios::in);
      For(i=0;i<docsize;i++)
        For(j=0;j<patterndicsize;j++)
          If match
          Add pattern number and matched seq into output;
    Fin. close();
3.  Output “比较关系语料 . txt”;
```

算法2. 提取和识别类别序列规则

```
    输入：候选语料文件“比较关系语料 . txt”，类别序列规则文件“CSR. txt”
    输出：类别序列规则文件“序列规则 . txt”，判别为差比句的语料文件“差比句 . txt”
1.  //首先扫描语料，确定关键词出现的位置，提取关键词及关键词所在分句其他词语的词性，获取语料满足的序列规则。
    Fin. open("比较关系语料 . txt",ios::in);
    While(! fin. eof())
      L[i] = findLocation(SeqArray[j],Doc[i]);
      FindNearest Punctuation symbols before L[i],Lb[i];
    While(Lb[i] < L[i])
        fout. open("CSR. txt",ios::app|ios::out);
        fout < < type < < "    ";
    fout < < SeqArray[j] < < "    ";
    While getchar! = Punctuation symbols
        fout < < type < < "    ";
    fout < < endl;
    Fout. close();
    Fin. close();
2.  //然后将提取出的序列规则文件“序列规则 . txt”与类别序列规则文件“CSR. txt”，确定语料是否为差比句。
    Fin. open("序列规则 . txt ",ios::in);
    While(! fin. eof())
      Seq[i] = readline;
      Fin. open("CSR. txt",ios::in);
      For(j=0;j<patterndocsize;j++)
        Pattern[j] = readline;
        If strcmp(Seq[i],Pattern[j]) = = 0
              fout. open("差比句 . txt",ios::app|ios::out);
              fout < < Seq[i] < < endl;
    Fin. close();
    Fout. close();
```

3.4 在线评论比较关系抽取

3.4.1 比较的实体要素抽取

识别出比较关系后，进一步的工作需提取出关系中的比较要素。一个标准的比较关系包括被比较的物体（比较主体）、用来作比较基准的物体（比较客体）、两个物体具体的比较细节（比较特征），以及细节比较的结果（比较结果）。其中，比较的实体要素包括比较主体、比较客体和比较特征。以表3.7为例，通过例子说明比较语句中含有的具体比较要素，本章将针对这四个要素分别进行抽取。

表3.7 比较要素抽取实例

例句	比较主体	比较客体	比较特征	比较结果
小南国的环境真不错，比外婆家干净多了	小南国	外婆家	环境	干净
小南国跟以前一样，还是那么好吃	小南国	小南国（之前）	味道	好吃
黄兴路店新开有75折优惠，正大店就没有了	正大店（小南国）	黄兴路店（小南国）	价格	没有优惠
所有门店差不多都吃过了，感觉国发这家最差	国发店（小南国）	其他门店（小南国）	味道	最差

3.4.1.1 比较主体抽取

在面向中文在线评论的比较要素抽取中，对于评论中的比较主体是最容易识别的。因为每个评论都是对当前对象发表的观点，这个对象即为比较主体。评论中的比较句经常会出现主语省略的情况，如“整体环境还是不错的，但是味道就比外婆家（比较客体）差点啦”“好吃的没话说，比周边那几个川菜馆（比较客体）强太多”这两句评论中就缺失比较主体，但是提供点评功能的评论平台都是按照商家进行归类的，所以消费者在阅读评论的时候都能明确知道该评论的比较主体。因此，对于比较主体的抽取，本章在爬取评论数据的时候同时抓取了评价对象的相关信息，包括名称、星级、评论数量等。评价对象的名称即为比较主体抽取出的要素。

3.4.1.2 比较客体抽取

比较客体的抽取分为三种情况：第一，对于标有自比标签的，比较客体即为比较主体，抽取的客体信息就是评价对象名称。第二，对于标记为极比的比较句，这类比较句数量较少，比较客体将从消费者之前的经历中，通过人工辅助获取。如“味道算是附近最好的啦”，将消费者以往评论中与该评论主体地理位置最接近的对象确定为评论客体。第三，对于标记为非自比和非极比的比较句，提取其中的名词成分，首先删除与比较主体相关的成分，然后通过前文构造的实体名词典进行匹配，匹配出的实体即为比较客体。

3.4.1.3 比较特征抽取

比较特征一般通过两种方式识别：第一，特征词通常是名词或名词短语的形式，如“环境”“味道”“停车位”等。第二，特征与观点词形成特征观点对，隐藏特征，如“其他都不错，就是有点乱哄哄的”，通过“乱哄哄”可以指示特征“环境”。首先考虑到本书的语料来自餐饮行业，因此从训练语料中归纳出餐饮行业的特征为七个方面，分别为菜量（a_1）、菜品（a_2）、预定（a_3）、服务（a_4）、环境（a_5）、价格（a_6）和味道（a_7）。然后利用训练语料，按照词频提取词性为名词的频繁特征项，基于知网语义词典（HowNet）计算频繁特征项与这七个方面的相似度，最终获得该领域的评价特征词典，如表 3.8 所示。在实验部分，将通过扫描特征词典，获得当前比较句的评价特征，如果没有词典的匹配结果，将评价视为两者之间的总体特征评价。

表 3.8　餐饮行业特征词典

特征	特征标志词
菜量（a_1）	满满的，饱，足，量，撑，大，不够，少，小，精致，多……
菜品（a_2）	多，丰富，种类齐全，改良，菜品，单一，选择，品种，丰盛，少……
预定（a_3）	预定，生意火，排队，提前，定位，空位，订餐，位子，人满为患，满座，等位，排号，座位……
服务（a_4）	到位，服务员，忙，上菜，态度，管理，停车，闹，迎宾，前台，理睬，热情，服务，周到，推销，水平……
环境（a_5）	挤，脏，干净，人气，环境，方便，吵，热闹，乱，人多，嘈杂，漂亮，大气，档次，布置，高档，装修……
价格（a_6）	性价比，划算，合适，便宜，合理，实惠，低，适中，高，贵，不错，不高，不便宜，不靠谱，不划算，离谱，有些贵，挺贵……
味道（a_7）	好吃，鲜美，口味，传统，中规中矩，味道，一般，嫩，鲜，口感，可口，品尝，偏甜，咸，辣，油腻，酸，肉质……

3.4.2　特征比较观点对抽取

3.4.2.1　比较结果

因为比较关系涉及两个实体间的比较，首先需要确定比较关系的方向，即“A 比 B 好”还是“B 比 A 好”，这个方向直接影响比较结果的情感倾向。情感分析研究中多采用基于词典的情感倾向计算方法。根据知网提供的中文情感分析用词语集①，其中包含“正面情感”词语、“负面情感”词语、“正面评价”词语以及“负面评价”词语。通过这些具有明显情感标准的词语，计算结果词与其相似度，取值范围限定在［0，1］。数值越高则表示相似度高，借助词典里确定的情感倾向词来判定。相似度为0表示完全不相关。

但是，在评论中，部分词语的情感倾向要依据描述特征而定，例如“A比B的档次高”和“A比B的价格高”中的“比……高”分别表达了褒义和贬义。基于此，本章考虑了特征比较观点对常用搭配词。针对餐饮行业语料，结合特征词和中文情感分析用词语集，人工标注观点词与不同特征词搭配时的情感倾向如表3.9所示。将常规情感词与特征比较观点对搭配词同时使用，可以实现情感倾向判别的最佳效果。

表3.9　　特征比较观点对搭配词实例

特征	观点	情感倾向
价格	高	-1
档次	低	-1
人	多	-1
量	大	1
……	……	……

除了确定比较关系的情感倾向，同时还要关注情感强度，因为强度的差异表达了消费者的喜爱或者讨厌程度。例如“好一点点”和“好太多了”，后者明显有更强烈的感情色彩。对于比较强度的划分，本书采用｛0，0.5，1，1.5，2，2.5，3｝7个类别，根据表3.10的词语或者短语进行强度识别。其中，“最”“最为”“极”……表达了最强烈的感情，强度为3。“和……一样”“差不多”“同”是用在平比句中的，强度为0。

① http：//www.keenage.com/html/c_bulletin_2007.htm。

表 3.10　　情感强度词

强度	强度词
3	最、最为、极、极为、极其、极度、极端
2.5	太、至、至为、顶、过、过于、过分、分外、万分、何等
2	很、挺、怪、老、非常、特别、相当、十分、甚、甚为、异常、深为、蛮、满、够、多么、殊、何其、尤其、无比、尤为、超、那么
1.5	不甚、不胜、好、好不、颇、颇为、大、大为、真的、多、喜欢
1.0	稍稍、稍微、稍许、略微、略为、多少、不错
0.5	较、比较、较为、还
0	和……一样、差不多、同、彼此、类似，相似、像、一般

3.4.2.2　比较观点量化

比较观点的量化研究实际上就是句子层面的情感分析，只是涉及了两个以上实体间的关系。因此，本章除了考虑比较观点词本身的情感倾向之外，也要考虑到整个句子中出现的其他成分。在比较句“A 比 B 好看”中，通常位于比较词（比）前的实体（A）为比较主体，位于比较词后的实体（B）为比较客体。但是，评论中的表达灵活多变，一些表述将比较主体放在比较词之后，而比较客体放在比较词之前，如例句“外婆家的红烧肉也比这里（老克勒上海菜）的好吃”。因此，需要确定主体和客体的位置信息，这会影响到比较结果的情感倾向。

对比较观点进行计算，采用式（3.2）。其中，c 为比较词的倾向性标识，比较词带有贬义，则 $c=-1$，反之 $c=1$。f 为比较类型判断，对于平比关系，$f=0$；对于差比关系，$f=1$。l 为主客体位置识别，分句中若出现比较客体，且比较客体出现在比较词后，$l=1$，反之 $l=-1$；分句中没有出现比较客体，只有比较主体信息，且比较主体出现在比较词后，$l=-1$，反之 $l=1$。比较词情感值 score，即前一部分所得到的比较结果的情感数值，若无比较观点词，则 $score=1$。

$$Score = c \cdot f \cdot l \cdot score \tag{3.2}$$

从含有比较关系的评论中抽取上述比较要素，并计算出量化的比较观点后，就构造出了特征比较观点对，以四元组 <P_1，P_2，Aspect，Score> 的形式保存，如表 3.11 所示。P_1为比较主体，P_2为比较客体，Aspect 为比较特征（针对餐饮行业的 7 个维度分别用 $a_{1\sim7}$表示），Score 即为比较结果的量化值。部分关键算法伪代码如表 3.12 所示，依然采用 VB 算法实现比较观点的计算。

表 3.11　　特征比较观点对实例

比较主体	特征比较观点对
P_1	P_1，P_2，a_6，3，P_1，P_2，a_4，1…
P_1	P_1，P_3，a_7，−3，P_1，P_3，a_7，−2…
P_1	P_1，P_4，a_5，−2，P_1，P_4，a_1，−1…
P_1	P_1，P_5，a_2，−2，P_1，P_5，a_4，0…
…	…

表 3.12　　比较关系抽取关键算法伪代码

算法 1. 比较要素抽取

```
    输入:比较关系语料"比较关系语料.txt",特征观点同现词典"特征词典.txt",
    输出:特征词典"特征.txt",观点词典"观点.txt"
1.  //显式比较特征挖掘
    Fin.open("比较关系语料.txt",ios::in);
    Find type = ='/n'within current sequence i
    If success
      Term[i] = Getterm();
      Add into Termdic
    If fail
      Continue the same process within sequence i - 1 of current sentence
      If fail
        Continue the same process within sequence i + 1 of current sentence
        If fail
          Stop;
          Mark current comparative sentence as no obvious feature NF;
          Go to process 2;
```

续表

```
2. //比较观点挖掘
   Fin. open("差比关系.txt",ios::in);
   Find type = ='/a'or'/v'within current sequence i
   If success
     Opinion[i] = Getterm();
     Add into Opiniondic
   If fail
     Continue the same process within sequence i - 1 of current sentence
     If fail
       Continue the same process within sequence i + 1 of current sentence
       If fail
         Stop;
         Mark current comparative sentence as no opinion NO;
   Fin. close();

3. //隐式比较特征挖掘
   For sentence marked as NF
     If marked as NO
       Mark FAIL;
     Else
       Seek opinion[i] in"特征词典.txt";
       If success
         Term[i] = Featureof(opinion[i]);
       Else
         Term[i] = null;//无特征,总体性比较
```

算法2. 比较观点量化

输入:实验语料文件"比较关系.txt",观点词文件"观点.txt",情感强度词典"强度词典.txt",修饰词语表达的情感"修饰词情感词典.txt",否定词词典"否定词词典.txt"

输出:比较观点量化结果"比较观点.txt"

```
1. //首先判断观点词的情感倾向性
    Fin. open("观点.txt",ios::in);
      Seek opinion[i] in Sentiment dic;
      If match
        Direction[i] = getdirection(opinion[i]);
      Else
        WordSimilarity();
        Direction[i] = if(similaritypositive > similaritynegative,positive,negative);
   Fin. close();
```

续表

```
2.  //然后根据修饰词,调整观点词情感分值
    Fin. open("比较关系.txt",ios::in);
      For each opinion[i]
        Seek opinion pattern;
        Modifier[i] = getmodifierword();
        Seek modifier[i] in "修饰词情感词典.txt"
        M[i] = getvalue(modifier[i]);
        score[i] = direction[i] * M[i];
    Fin. close();
3.  //比较观点量化结果
    Fin. open("比较关系.txt",ios::in);
    n[i] = CountNegativeWords();
      if((comparelocation(keyword,p2) >0 ||(comparelocation(keyword,p1) <0)
    l[i] = -1;
      else
    l[i] =1;
      if classmark =1//平比
    c[i] =0;
      else
        c[i] =1;
      if keyword is negative
    f[i] = -1;
      else
        f[i] =1;
      Score[i] = ( -1)^n[i] * c[i] * f[i] * l[i] * score[i];
      Put Score[i] into "比较观点.txt";
    Fin. close();
```

3.5 本章实验与分析

在线评论形成了强大的口碑效应，但是各评论网站比较重视评论者的打分和评论总数量，很少从评论内容上入手挖掘有价值的信息。已有研究证实，评论质量在辅助消费者决策时起到了更为重要的作用。含有比较关系的评论能够提供消费者对不同餐厅的“评测”信息，对消费者和餐厅管理者都具有重要的价值，可以帮助消费者进行选择，帮助餐厅管理者进行改善。因此，挖掘餐饮行业评论中的比较信息有极高的实用和研究价值。

3.5.1　比较关系识别语料库构建

建立面向餐饮评论比较句的语料库是进行本章研究的重要前提和基础。类似于情感分析中语料库的构建方法，本章也是在人工标注的情感语料上进行实验，并将“实验结果（机器标注结果）”与“实际结果（人工标注结果）”进行对比，从而判别所采用方法的优劣。本章以从大众点评网站爬取下来的14872条评论形成的语料库为基础，一共邀请了10名测试人员，对其进行语料类型的识别培训。在测试人员获得统一认知后，开始对语料的类型进行人工标注。首先进行第一轮标注，分为三类：平比关系（1）、差比关系（2）、非比较关系（0）。在此基础上，进行二次标注，对于平比关系（1）和差比关系（2）中表示自比的语料分别以“自比”（10和20）标识，有极比特点的差比句以“极比”（21）标识。最后对于有歧义的语料进行交换人工判别，直至获得统一意见。总体语料分布如表3.13所示，语料中含有比较关系的评论占到15.5%，在比较语料中，差比关系占到68.2%，平比关系为31.8%。

表3.13　实验语料分布　　单位：条

语料库	比较范畴	数量		合计
训练集	比较句	平比句	606	12872
		差比句	1401	
	非比较句		10865	
测试集	比较句	平比句	128	2000
		差比句	175	
	非比较句		1697	

构建餐饮比较语料库在本章中的主要作用有：第一，训练语料用于构建混合规则库，并通过建造好的规则库，对测试语料中的比较关系进行预测；第二，将预测结果（机器标注结果）与人工标注结果进行对比，验证本章所提出方法的优劣；第三，用于研究比较要素的特点和规律，找到有效的抽取方法。为增强研究实验结论的鲁棒性和可靠性，本章选择了两种不同的菜系，

并随机抽取了评论语料构建训练集和测试集。

3.5.2 基于餐饮评论的比较关系识别

首先，利用训练集语料提取餐饮评论中常用于表达比较的关键词。针对标注为平比关系的语料，同时提取平比关系语料中的比较关键词和比较结果关键词，对于标注为差比关系的语料，则只提取该语料的比较关键词，人工构建关键词同现模式。然后，以分句为单位，从包含有关键词的这些分句中提取关键词及其词性。分句的其他部分只保留词性，最终获得序列规则，并通过标记的类型生成候选 CSR 规则。接着，在设定多重支持度和最小置信度的基础上，筛选出可以用于进行比较句判别的规则。最后，将最终获得的 CSR 规则与人工构建的关键词同现模式相结合，构建出混合规则库，利用规则库对测试集进行比较句的识别和分类。具体步骤如下：

步骤一，基于混合规则库及实体名词典的比较句识别。

（1）扫描同现关键词词典，抓取所有包含比较关键词的语料作为候选语料。

（2）根据混合规则库中的差比 CSR 规则对差比句进行判别，为候选差比语料添加差比标识。

（3）对于判别为非差比句的语料，根据平比同现规则进行平比句的判别，为候选平比语料添加平比标识。

（4）针对所有判别为比较句的候选语料，扫描实体名词典进行二次识别，若当前语料扫描词典失败，即无匹配实体名。同时，该句标识无自比和极比，则删除语料类型标识，获得最终的比较句判别结果。

步骤二，特征比较观点对识别。

（1）候选特征观点抽取。以当前分句为单位，以词性为约束，名词作为候选比较特征，若当前分句无匹配名词，则搜索其相邻的前一个分句，若无匹配，搜索相邻的后一个分句，若仍无匹配，则停止搜索，比较特征项暂时置空；形容词作为候选比较观点，搜索规则同上；若仍无匹配形容词，则搜索相关动词作为候选比较观点。

（2）特征观点对确定。对于一条语料中同时有多个候选名词的情况，首先，剔除比较实体的影响，将所有表示餐馆名或地址的名词剔除。其次，进行无关词过滤，计算候选名词特征间的相似度，对同义特征进行合并。针对非同义词特征，计算候选特征与候选观点之间的关联度以及同现频率，结合人工监督的方式，剔除无关干扰名词，根据特征词典确定最终的比较特征。最后，抽取特征附近的强度词以及可能的特征比较观点对组合。若当前语料存在多个匹配的特征，则对当前比较句进行拆分，视为两条语料进行后续实验。

（3）隐式特征挖掘。针对比较特征置空语料，根据比较观点选择与其有高度同现频率的名词作为比较特征，并结合人工检查。若比较观点无明显特征提示作用，则可以认为该比较句中不存在具体的比较特征，只是对比较主体和客体总体性的比较。比较特征继续置空，视为商品的总体性比较。

（4）类型标识的作用。若类型标识为差比，则同时涉及比较特征和比较观点的搜索。若无匹配观点，则检查比较词本身是否具有明显表示不同、高低的含义，若是，则提取比较词作为比较观点；反之，比较观点置空，该比较关系不纳入后续情感。若类型标识为平比，则主要涉及比较特征的搜索。

步骤三，比较关系综合情感分值计算。

（1）计算步骤二中提取的观点词（或带情感倾向的比较词）的情感倾向，通过强度词词典匹配情感强度词的分值，确定 score 值。

（2）计算比较词本身的情感确定 c 值；根据当前的比较类型，确定 f 值；扫描比较主体、比较客体、比较词三者的顺序计算 l 值。

（3）根据所提出的情感分值计算公式进行比较观点计算。

（4）将之前获取的比较主体名称、比较客体名称、比较特征以及最终的综合情感分值组成特征比较情感对 <比较主体、比较客体、比较特征、比较结果>。

3.5.3 实验结果分析

比较关系的识别作为一个分类问题，一般的模式分类方法都可用于这个研究中。比较知名的分类方法包括 K－最近邻（K-Nearest Neighbor，KNN）、朴素贝叶斯（Naïve Bayes，NB）、支持向量机（Support Vector Machines，SVM）、神经网络（Neural Network，NNet）等方法。其中，SVM 方法在先前的研究中被广泛使用。SVM 是基于统计学习理论中的 VC 维理论和结构风险最小原理进行扩展的，根本思想就是依据有限的样本信息在模型的复杂性和学习能力之间寻求最佳的平衡。其基本思路是通过训练集，能够在向量空间中找到一个超平面，并且这个超平面能够最大限度地把空间中数据点分为两列，最后再通过训练好的模型将分类数据分开。SVM 方法的优点包括：专门针对有限样本，最终得到现有信息下的最优解，而不仅仅是样本数趋于无穷大时的最优值；最终算法是将模型转化成为一个二次型寻优问题模型，能够得到全局最优点；将实际问题用非线性变换的方式转换到高维的特征空间，在这个空间中通过线性判别函数代替非线性函数来判别。用 SVM 作为参考，与本章提出的方法进行对比。采用准确率（P）、召回率（R）、总体正确率以及 F-Measure（F）值作为评价指标（见表 3.14）。将待比较的方法以字母缩写的形式表示如下：

（1）T，单纯的关键词策略。

（2）SVM，以特征词以及相邻词词性作为特征的支持向量机策略。

（3）SVM＋N，在（2）基础上再考虑实体名的支持向量机策略。

（4）TP＋CSR，关键词对同现策略＋序列规则模式。

（5）TP＋CSR＋N，即本章方法，关键词对同现策略＋序列规则模式＋实体二次识别。

表 3.14　比较句识别结果示例

结果	实际比较句	实际非比较句
判定比较句	T_c	F_c
判定非比较句	F_n	T_n

$$P=\frac{T_c}{F_c+T_c} \tag{3.3}$$

$$R=\frac{T_c}{F_n+T_c} \tag{3.4}$$

$$F=\frac{2PR}{P+R} \tag{3.5}$$

$$总体正确率=\frac{T_c+T_n}{T_c+T_n+F_n+F_c} \tag{3.6}$$

实验结果如表3.15和表3.16所示。本章提出的方法在识别准确率和召回率上都显著优于SVM方法。此外，相比于单纯的关键词策略以及传统的CSR方法，本章方法虽然在召回率上有小幅降低，但是仍然达到了97.61%。另外，由于采用混合规则库的方法，在准确率上有很大的提高，达到85.99%，F值为91.44%。在平比、差比以及非比较3个类别的判别上，均有良好的表现。

表3.15　方法比较评价结果　单位：%

方法	准确率		召回率		总体正确率	F值
	比较句	非比较句	比较句	非比较句		
SVM	56.59	81.63	72.62	68.59	70.04	63.61
SVM + N	72.73	90.01	83.81	82.28	82.83	77.88
T	63.55	97.46	99.03	94.44	94.85	77.42
TP + CSR	76.71	99.91	97.17	97.11	97.12	85.74
TP + CSR + N	85.99	99.89	97.61	98.62	98.37	91.44

表3.16　基于混合规则库方法的细分类别判别结果　单位：%

比较类型	准确率	召回率	F值
平比	90.56	85.98	88.21
差比	90.13	93.51	91.78
非比较	98.44	99.76	99.10

通过对判别结果进行分析，发现非比较句误判为比较句的情况较少，主要是由于引入实体名的二次识别。而很大比例的误判来自平比、差比之间，这是因为没有考虑到一些特殊否定词的影响。例如，“涨价”作为差比类型的关键词，因此凡包含“涨价”的语料都被预判为候选差比句。但“没有涨价”其实表达的是平比。因此，对于这类误判，在计算比较观点时，本章尝试通过统计否定词个数以及位置信息，解决了一定数量的误判数据。这也为改进本章方法提供了思路，可以在比较句识别阶段，考虑否定词的抓取和统计，用以修正混合规则库的判别结果。

从识别出的比较语料中随机抽出 500 条数据进行人工识别比较要素，其中，平比句有 164 条，差比句有 336 条。将人工识别结果与本章提出的要素抽取策略进行对比，以准确识别的比例作为评价标准。各个要素的抽取结果如表 3.17所示。总体上，效果比较理想，但是关于特征和结果的识别准确度还有必要进一步提高，主要的问题不仅在于无法将所有与特征、情感相关的词语识别出来，还在于词典本身是有限的。这也是依靠词典进行匹配的弊端。在后续的研究中，本书将继续尝试句法分析结合无监督模型进行特征和观点的要素抽取工作。

表 3.17　比较要素抽取结果检测　单位：%

比较要素	平比句	差比句	整体识别的准确度
比较主体	100.0	100.0	100.0
比较客体	97.6	95.2	96.0
比较特征	92.7	95.0	94.2
比较结果	100.0	92.6	95.0

3.6　理论贡献与管理启示

比较是一种借助其他物体对当前叙述对象进行评估的重要方式，能够帮助消费者更加全面地了解所评价对象。基于先前的研究发现在线评论中存在大量的比较关系信息，本章提出了一种基于混合规则库和实体名词典进行比较关系挖掘的方法。首先，深入分析了语言学中关于比较的语法构成和比较类型的判定，将在线评论中的比较句划分为平比关系句和差比关系句两大范畴。其中，平比关系包括商品自身的平比（平比中的同比）和不同商品的平比；差比关系包括商品自身的差比（差比中的同比）、不同商品的差比以及极比关系。其次，本章将比较句的识别划归为分类问题。根据各个类别的语言学特点，结合关键词和句式特征，采用人工规则和类别序列规则相结合的方式构建了混合规则库，采取不同的识别策略对在线评论语句进行了类别划分。最后，根据语言学特点，结合自然语言处理技术对不同类别比较句中的比较主体、比较客体、比较特征、比较结果进行了有效抽取，构造出特征比较观点对，将评论中的比较关系信息量化。本章通过餐饮行业的具体数据验证了方法的可行性，同已有研究相比，本章所提出的面向在线评论的商品比较关系识别方法获得了很好的识别效果。比较关系识别的准确率和召回率分别达到了85.99%、97.61%，比较要素的抽取准确度均超过了92%。这表明根据比较范畴划分比较类型，针对每种类型提出相应的识别方法是有效的。

已有研究发现了比较关系信息能够提供可靠和可信的高质量信息。其在竞争智能、商品客观评估、市场竞争力分析等方面拥有极大的潜在价值。比较关系识别的准确性影响其在商业智能领域的进一步扩展。本章所提出的方法为后续的应用研究提供了坚实的技术支撑。尽管本章选取的是餐饮行业数据，但该方法同样可以应用于其他领域，具有很好的推广价值。

另外，需要指出的是，本章研究内容依然面临以下问题需要解决：

（1）比较关系识别与要素抽取过程较为烦琐，有必要进一步进行精简整合，删除对整个结果不造成过大影响的细节步骤。

（2）比较关系的识别主要是基于类别序列规则，尽管已经能够实现商务应用的需要，但是采用无监督的方法进行比较关系的识别值得探索，建议结合句法分析设计出有效的识别方法。

（3）比较要素的抽取达到了比较好的效果，但是过多地依赖于词典，特别是在比较特征和比较结果的抽取过程中，基于词典的匹配起到了关键作用。这不利于在其他领域的推广，因为每个领域的特征、特征观点词搭配均有所差别。因此，减少词典依赖的抽取技术将会是未来研究的一个重要方向。

第 4 章　比较关系对消费者信息有用性感知的影响

4.1　比较关系在消费者信息价值认知中的作用

电子口碑信息（Electronic Word of Mouth，eWOM）作为来自网络的评价观点，在消费者的购物选择中起到了积极作用。与发生在线下通过亲朋好友传播的口碑信息相比，电子口碑信息的来源更为广泛和全面。参加网络购物的消费者越来越依赖在线评论作出购买决策。

在线评论包括星级评价、特征打分以及评论内容，通过这些信息展示消费者个人的体验和感受，帮助其他消费者识别出符合他们期望的商品。已有研究证实了在线评论对各种类型的商品销售均有直接显著的影响，如图书、电子产品、餐厅和酒店等。消费者希望通过评论减少自己对所购买商品或者服务的不确定性，增强购买信心。但是，因为在线评论数量的急剧增长，消费者很难阅读完所有的评论内容。以餐饮行业的大众点评网为例，一些餐厅的点评总量均在 2 万条以上，这就造成了信息过载问题。对于消费者来说，不可能通过阅读每条评论实现对当前商品的真实客观评价。特别是相当数量的评论信息包含无用甚至虚假的评论内容。因此，无论是对电商或第三方评论网站，还是普通的消费者，越来越认识到信息评估的重大价值。包含信息特征较少的评论不足以吸引消费者，更多的人希望通过阅读有用和高信息含量的内容来真正了解当前商品，减少对购买商品认知的模糊性，获得尽可能接近商品真实情况的评估。电商平台通过一些方式来展现出这些评论，如猫途鹰（Tripadvisor）通过消费者点击“感谢”进行展示；亚马逊（Amazon）通过“这条评论对您有用吗”进行消费者意见采集；大众点评网通过“点赞”功能进行评价。这些方式统称为评论信息有用性鉴定，作为提示消费者过滤信息的指标，提高消费者决策的效率（Karimi et al.，2017；Singh et al.，2017）。

减少信息过载造成的模糊性，力求获得客观真实的商品评估结果是当前在线评论质量研究的一个重点，帮助消费者和市场决策者更好地筛选出高质量信息。消费者的购买意愿会随着高质量评论的数量而增强（Lee & Shin，2014）。在工业界和学术界，普遍采用“评论的有用性”这一指标判断当前评论内容的信息价值，一般认为，标注为“有用”的评论更能影响其他消费者的决策。研究发现，评论中的一些特征能够显著影响该评论的有用性评价。如有研究认为评论中包含客观和高度主观的信息更为有价值（Ghose & Ipeirotis，2011）；评论的可读性对评论质量具有显著影响（Korfiatis et al.，2012）；评论来源和细节内容特征影响评论的质量（Li et al.，2014）；正向情感的标题、中性的评论内容、文本长度和时间都直接影响到评论的有用性评价（Salehan & Kim，2016）；评论者的特征也会影响评论内容的有用性认知（Lee & Choeh，2017）。综上，对评论有用性的研究主要集中在评论内容、评论效价以及评论来源等维度。其中，评论内容特征受到越来越多的关注。一些研究从文本的可读性、主观性、内容的多样性等多个角度进行探讨。

但是，上述研究主要关注的是具有单一商品评论的文本，而评论中实际上存在着大量的含有比较关系的评论，这样的评论相对于单一商品评论文本更具有说服性和可信度。有研究发现比较信息能够有效地改变人们的风险感知（Fagerlin et al.，2007）；还有研究认为评论中的比较信息能够有效影响电子口碑效应的传播（Chen et al.，2017）；公司之间的比较信息所形成的比较网络能够揭示股票市场信息，并进行市场预测。在本书中，比较信息与比较关系信息表达同一个意思。

比较作为一种常见的极具说服力的评价方式，通过与比较基准的对比，突出当前商品的优劣，表达其满意与否的程度。通常单一商品评论内容只是针对当前评价对象作出的“好”、“坏”评定。但是，消费者所表达的“这个商品真好”这样的评论，由于缺乏一个统一的评价标准，无法真正理解当前对象是否为“真的好”。含有比较关系的评论内容提供了比较主体与比较客体（比较基准）的对比情况，使得消费者能够明白当前对象的“好”是相对于比较基准的好。因此，许多学者认识到了这种信息的价值，围绕比较信息的识别、抽取以及比较关系的应用进行了探讨，证实了比较信息对消费者认知的影响。但是，比较关系作为一种重要的文本特征，是否能对评论的有用性体现出直接的影响，还鲜有研究关注。本书将比较信息作为文本内容的一个特征，研究其对消费者信息有用性认知的直接影响。

综上，本章将重点关注评论比较关系信息在减少信息模糊性、提升信息质量方面的价值。具体为探究评论比较关系信息与消费者信息有用性认知的关联性及其影响机理，引入了比较关系信息这一特征对评论有用性进行度量。主要解决以下问题：

（1）评论中的比较关系信息是否对消费者信息有用性认知造成影响；

（2）不同的比较范畴是否对消费者信息有用性认知有不同的影响；

（3）评论中比较关系信息影响消费者信息有用性认知的机理。

4.2 理论模型与研究假设

评论有用性定义了消费者信息有用性的认知价值，体现了消费者对这个评论信息的直接感受，能够影响其他消费者的购买决策。现有研究已经探索了不同因素对评论有用性的影响，包括定性的指标或者定量的指标。信息接收理论模型表明，信息内容质量和信息来源可靠性是消费者对在线评论感知的直接因素（Sussman & Siegal，2003）。这也说明同时理解评论和评论者的属性对于评论有用性的判断是较为重要的。本章也将同时考虑这两个属性，并且重点关注评论属性，更具体的是评论内容中所包含的比较关系信息。

4.2.1 增强在线评论信息的内容深度

消费者在购物前实际上处于信息不对称的情况，需要通过在线评论尽可能地获取商品的信息，从而减少风险和损失。比较关系信息呈现出一种相对复杂的观点，表达商品间的相似或者不同的关系，被认为是具有高质量的信息。卡齐等（Qazi et al.，2016）指出“X 酒店的服务质量差”与“X 酒店的服务质量不如 Y 酒店”具有不同的信息含量，而后者呈现的表达方式更令人信服。下面将分别从比较关系信息体现出的评估作用、说服力以及哲学辩证思维三个角度说明比较关系信息有助于加深文本内容的深度。

（1）比较关系信息体现出了客观的评估价值。费斯汀格（Festinger）在 1954 年提出了社会比较理论（Social Comparison Theory），是由社会讯息沟通理论（Informal Communication Theory）和认知失调理论（Cognitive Dissonance Theory）衍生出来的理论，费斯汀格认为比较是人类一种基本的能力。理论假定人们都会有评估人或者物体的能力，但在缺乏客观标准时，只有通过比较才能满足评估需求，这样的行为受到潜意识的影响。布昂等（Bunnk et al.，1990）发现了通过比较能带来正面与负面的情感反应。史密斯（Smith，2000）指出当进行向上比较时（与优于当前人或物体的比较），会产生乐观有信心的正面反应；进行向下比较（与差于当前人或物体的比较）时，会产生沮丧悲观的负面反应。

（2）比较关系信息能够增强说服力。说服力是引起人类态度改变的一种有效途径，通过诉求使得接收者的观点和行为趋向于劝说者的预定方向。有用的在线评论本质是说服消费者接受这个评论的观点，即认为其有用。比较就是一种有力的说服方式，通过对比会渲染出表现较差物体的负面效果，从而衬托出比较占有优势一方的表现。这种表现方法在推销和广告中较为常见，类似于“制造缺陷”。比如消费者在使用某一款手机时，由于耗电量很快，每天都需要充电，他希望在购买下一款手机时候尽量避免这个“缺陷”，因而更愿意接收推销者关于这两款手机在待机时间上的对比信息。早在 20 世纪 30

年代，欧美国家就开始在广告中通过对比引导消费者进行购物，[①] 即比较广告（Comparative Advertising）。同行业的产品经营者或服务提供者，在商业广告中用自己的产品或服务质量、性能、用途等与同行业的竞争对手或同类产品、服务进行比较，以便说明自己产品或服务质量方面的优势，赢得更多市场份额，从而达到占领市场的目的。最近几年流行的手机等电子商品的“评测”也是来源于此。很多关于比较广告的研究都验证了广告中的比较信息能够显著影响消费者的购买决策。如有研究通过实验发现了在拥有较高的参与度，并且广告来源具有高可信度时，广告中的比较信息具有较强的说服力（Gotlieb & Sarel，1991）；也有研究提出当消费者重视分析过程时，含有比较信息的广告能够显著影响该消费者的购买行为（Thompson & Hamilton，2006）。尽管比较广告是以引导消费为主，包含着“以己之长攻彼之短”的比较行为，但是在一定程度上展示了比较信息具有较强的说服性。这其实是一种心理上的“规避风险”的潜意识，在医学领域也得到了验证，如法格林等（Fagerlin et al.，2007）就通过实验验证了比较信息使病人具有风险感知，从而更好地进行治疗。

（3）比较关系信息能够提高对事物的真实认识。从哲学角度来看，唯物辩证法认为相对和绝对是一个影响深远的辩证范畴，也可以看作个性和共性这对范畴的延伸。相对就是有对、有条件、有限；绝对就是无对、无条件、无限。但相对与绝对的区别本身又是相对的，当评价一个事物的好坏时，是建立在相对的基础之上。在线评论中，消费者评价一个商品如“餐厅环境真好”，这里的“真好”并不能表达这个餐厅环境是绝对意义上的“好”，每个人的评价标准是有差异的，个人经历也是不同的。因此，人类的所有认知都是来自比较，没有比较就没有认识。事物不能简单地说明自己是什么，只有通过相互作用才能表明自己是什么，有怎样的价值。相较于单一商品评论内容，含有比较关系信息的评论文本正是通过与比较客体的对比来展现评价商

---

① 孙晋仁．试论比较广告［EB/OL］．http：//www.chinacourt.org/article/detail/2004/11/id/141551.shtml，2004－11－29.

品的“好”或者“坏”，体现出这种信息的可信度。

根据第3章的研究成果，评论内容包括“非比较关系”“平比关系”以及“差比关系”信息。因此，本章将评论文本也分为这三种类型。其中，“非比较关系”评论即为含有单一商品描述的文本；“平比关系”评论即为描述的两个商品无显著差异；“差比关系”评论为描述的两个商品有明显差异。本章的主要目的是探索比较关系信息对评论有用性的影响，尽管有研究已经作出初步尝试，但是只限于验证了在长文本中比较信息能够显著影响评论的有用性（Qazi et al.，2016），没有考虑到极性以及强度，也没有考虑到不同比较类型的影响。本章将弥补这方面的不足，提出下面两个假设：

H1a：含有比较关系信息的评论内容能够显著影响评论的有用性。

H1b：不同类型的比较关系信息对评论有用性的影响效果不同，相比于“平比关系”评论，含有差比信息的评论对有用性的影响更为显著。

4.2.2 与其他评论属性的交互作用

霍夫兰德的说服模型提到态度改变的四个基本要素，包括说服者特征、说服信息、说服情境以及说服对象，这四个要素共同作用能够体现出较高的说服性。比较关系信息作为内容上的一个度量，或多或少会受到四个基本要素的影响。因此，本章将控制评论者身份、评论长度、评论效价、评论模糊性等因素，探索评论中比较关系信息与这些因素的交互效果。

（1）评论者身份。霍夫兰德的说服模型中认为那些在本领域有威望的人比威望低的人有更大的说服能力，使受众更能接受其所提出的观点。在线评论中的评论者身份指的是评论者的经验值或者等级，是网站根据其与网站的互动、发表评论的频率以及点赞情况计算出的评论者声誉信息，用来区分不同评论者的等级。福尔曼等（Forman et al.，2008）较早地发现了评论者身份对评论有用性的显著影响，以及与评论的模糊性存在交互；拉切拉和弗里斯克（Racherla & Friske，2012）认为评论者和评论内容共同作用于评论价值的判断；朱凌等（Zhu et al.，2014）也解释了评论者的专业度与线上吸引力对评论有用性有明显影响。评论者作为评论信息主要来源，其身份能够影响消费者对于其观点的感知信任，即信息的可靠性。因此，本章认为具有较高身份特征的评论者所提出的比较关系信息更为有用，提出以下假设：

H2a：评论者的身份特征能够调节评论中比较关系信息有用性的影响，即具有高声誉的评论者发布的比较关系信息对评论有用性的影响更为显著。

（2）评论长度。评论长度即评论文本的总长度，越长的文本一般包含较多的细节信息，消费者能收获更多的信息以减少决策的不确定性。一些研究采用了不同领域数据验证了评论长度能够提供评论观点的更多解释信息，比较丰富地阐述对商品的看法，吸引消费者的信任（Baek et al.，2012；Mudambi & Rogers，2010；Racherla & Friske，2012）。有研究认为评论长度可以作为评论内容深度的一个体现，评论越长、字数越多，越能展示商品的完整性（Mudambi & Rogers，2010）。费尔德曼和林奇（Feldman & Lynch，1988）在“信息可获得性/可诊断性理论”（Information Assessibility/Diagnosticity Theory）中提出人们倾向于获得具有更高诊断性的信息进行决策。

评论长度可能会调节比较关系信息对评论有用性的影响，因为阅读较长的评论内容，需要消费者花费更大的精力进行信息处理，一定程度上增加阅读难度，部分消费者并不愿意认真读取这些冗长的文本。加纳（Garner，2013）认为句子的长度直接影响可读性，较短的句子更好理解。但是包含比较关系信息的评论文本能够吸引消费者的阅读兴趣，这种较为复杂的信息能够提高消费者的认知能力和信息处理能力。如卡齐等（2016）的研究采用猫途鹰网站的数据证明了在较长的评论文本中，含有比较关系信息的评论显著影响评论有用性。因此，本章也认为评论长度能够调节比较关系信息对评论有用性的影响效果，并且文本越长，比较关系信息的价值越明显。假设如下：

H2b：评论长度能够调节比较关系信息对评论有用性的影响效果，在长文本评论中的比较关系信息对评论有用性的影响更为显著。

（3）评论效价。评论效价指星级评分，通常为1～5星评价，是消费者观点的一种量化指标，能够指明评价者的情感方向。评论效价与评论内容直接相关，包含的情感可以分为正面、负面以及中性情感。评论效价与评论有用性有着较强的关联性，但是这种关联性有所不同。如潘岳和张家森（2011）认为二者是正相关，而拉切拉和弗里斯克（2012）通过研究展示了二者的负相关性，原因是消费者可能更关注负面情感的评论，规避购买风险。有研究发现了负面信息能够更强烈地影响评估结果（Ito et al.，1998）；也有研究发现了电影票房收入与负面评价的关系，认为负面评价对票房的削弱作用明显高于正面评价的促进作用（Basuroy et al.，2003）。本章认为效价与评论中的比较关系信息能够产生交互效果，通过比较能够加强正面与负面的情感表达，吸引消费者的阅读兴趣。假设如下：

H2c：评论效价能够调节评论中比较关系信息对评论有用性的影响，并且具有高效价的评论内容，比较关系信息的影响更显著。

（4）评论模糊性。评论模糊性主要是用来区分极端评论与中性星级评分的，1星评价和5星评价可以作为极端性评论，带有强烈的负面和正面情感。但是一个3星评论被认为是模糊的，如仅仅表达了“一般”“还行”这样的观点，或者因为商品“有好有坏”整体感觉一般。总之，这样的表述是模糊的、无情感偏向性的。极端评论表达情感较为强烈直接，更能吸引消费者的阅读兴趣。有研究检验了极端评论与模糊评论对评论有用性的影响，认为模糊性评论由于包含不确定的信息量，对消费者的决策帮助贡献较少（Racherla & Friske，2012；Zhu et al.，2014）。本章认为比较关系信息因为提供了较高的信息质量，能够在一定程度上对这种模糊性评论加强其信息价值，提高其有用性的认知。相对于模糊性评论中的其他信息，这种比较关系信息更能吸引消费者的关注，因而比较关系信息对模糊性评论的有用性影响更为显著。本章假设：

H2d：评论模糊性能够调节比较关系信息对评论有用性的影响效果，在模糊评论中，比较信息对评论有用性影响更为显著。

4.3　比较关系影响信息有用性的计量模型

本章依然采用大众点评网站提供的餐饮行业数据进行检验。大众点评网站有良好的运行规则以及对评论者和评论内容的奖励政策。网站对每个评论提供了“点赞”功能，等同于评论“有用性”的功能，对阅读评论的消费者，如果认为这个评论真实可信，就会点击“点赞”按钮。

本章选取数据库中上海五角场地区的本帮菜和川菜数据，各自类别下各随机抽取5家开业3年以上餐厅，将这些在线评论按照“点赞数”从高到低进行排序，每隔两个选取一个评论文本，每个餐厅选取100条评论，不足100条的从剩余评论中随机抽取。对于每条评论，收集到的信息包括评论者的贡献值、评论文本长度、评论效价、评论模糊性以及评论中是否含有比较关系信息和比较的范畴。

大众点评网站提供了评论者的贡献值这一信息作为评论者的身份，主要表现了评论者在大众点评网站的参与程度、评论内容的丰富程度、个人信息的完善程度等信息。另外，拥有良好的点评诚信记录的用户（无炒作、无违规点评；非商家、非自我宣传），并满足一定的注册时间与点评数量，可以升级为VIP评论者。因此，本章认为评论者的贡献值和VIP标签可以说明该评论者在大众点评网站中的声誉和地位。评论长度采用汉字的总字数来替代，不考虑标点和特殊字符。评论效价即为星级评分值，数值对应1～5。在评论模糊性判定中，3星评价即为模糊评论，以数值1代替，其他为0。

此外，将引入评论者性别和头像作为评论者的控制变量。对于性别控制变量，女性评论者对应数值1，男性对应0。对于头像控制变量，如果该评论者上传头像则为1，其余为0。引入该餐厅的平均价格、餐厅的整体星级评价和总评论数量作为该餐厅的控制变量，均按照具体对应的数值进行统计。评论中是否上传图片作为评论内容的控制变量。最后关于本章主要研究对象——比较关系信息，考虑到有研究发现笼统的两个商品比较会引起消费者的反感，消费者更注重含有细节的比较信息，本章将包含涉及特征层面的比较归纳为含有比较关系信息。本章将细节归纳为七个特征，包括环境、服务、味道、预定、价格、菜量、菜品。如果评论中有涉及这七个特征的描述，即该变量赋值为1，其他为0。比较关系的识别主要基于第3章提出的识别方法，对实验数据中的比较关系进行自动识别与判别。针对假设 H1a，构建了式（4.1）。

$$\begin{aligned}Helpfulness_{ip} = C + \alpha_1 \cdot Comp_{ip} + \beta_1 \cdot lnID_{ip} + \beta_2 \cdot lnLength_{ip} + \beta_3 \cdot lnRating_{ip} \\ + \beta_4 \cdot Equiv_{ip} + \beta_5 \cdot Gen_{ip} + \beta_6 \cdot Pimg_{ip} + \beta_7 \cdot lnPrice_{ip} \\ + \beta_8 \cdot lnAvRating_{ip} + \beta_9 \cdot lnReview_{ip} + \beta_{10} \cdot Pic_{ip} + \varepsilon_{ip}\end{aligned} \quad (4.1)$$

其中，Comp 表示是否含有比较关系；ID 为评论者贡献值；Length 为评论文本长度；Rating 为评论星级评价；Equiv 为评论模糊性；Gen 为评论者性别；Pimg 为评论者是否上传人物头像；Price 为餐厅平均价格；AvRating 为餐厅平均星级评价；Review 为餐厅评论总数量；Pic 为评论内容中是否包含图片。

依据第3章的比较范畴分类，评论可以划分为含有平比关系信息、含有差比关系信息以及无比较关系信息。为了检验不同的比较类型信息所起的效果差异，提出了式（4.2）验证 H1b：

$$\begin{aligned}Helpfulness_{ip} = C + \alpha_1 \cdot Comp_{ip} + \alpha_2 \cdot EqComp_{ip} + \alpha_3 \cdot UnEqComp_{ip} \\ + \beta_1 \cdot lnID_{ip} + \beta_2 \cdot lnLength_{ip} + \beta_3 \cdot lnRating_{ip} + \beta_4 \cdot Equiv_{ip} \\ + \beta_5 \cdot Gen_{ip} + \beta_6 \cdot Pimg_{ip} + \beta_7 \cdot lnPrice_{ip} + \beta_8 \cdot lnAvRating_{ip} \\ + \beta_9 \cdot lnReview_{ip} + \beta_{10} \cdot Pic_{ip} + \varepsilon_{ip}\end{aligned} \quad (4.2)$$

其中，EqComp 表示是否含有平比关系，UnEqComp 表示是否含有差比关系。若评论中含有平比关系的细节描述，EqComp 赋值为1，其他为0；含有差比关系的细节描述，UnEqComp 赋值为1，其他为0。α_2和α_3主要用于评估 H1b。

为验证比较关系信息与其他关键因素的交互作用，提出式（4.3），其中

α_4、α_5、α_6、α_7分别用来评估 H2a、H2b、H2c、H2d。

$$\begin{aligned} Helpfulness_{ip} = C &+ \alpha_1 \cdot Comp_{ip} + \alpha_4 \cdot Comp_{ip} \cdot lnID_{ip} + \alpha_5 \cdot Comp_{ip} \cdot lnLength_{ip} \\ &+ \alpha_6 \cdot Comp_{ip} \cdot lnRating_{ip} + \alpha_7 \cdot Comp_{ip} \cdot Equiv_{ip} \\ &+ \beta_1 \cdot lnID_{ip} + \beta_2 \cdot lnLength_{ip} + \beta_3 \cdot lnRating_{ip} + \beta_4 \cdot Equiv_{ip} \\ &+ \beta_5 \cdot Gen_{ip} + \beta_6 \cdot Pimg_{ip} + \beta_7 \cdot lnPrice_{ip} + \beta_8 \cdot lnAvRating_{ip} \\ &+ \beta_9 \cdot lnReview_{ip} + \beta_{10} \cdot Pic_{ip} + \varepsilon_{ip} \end{aligned} \tag{4.3}$$

4.4 本章实验与分析

4.4.1 变量描述性统计

本章数据处理采用 Stata 工具，首先，对各个变量进行描述性统计，观察指标的均值与标准差，以及指标之间的相关系数，计算结果如表 4.1 所示。1000 个数据中，43%的评论内容包括特征比较关系信息，消费者的平均经验值为 1632.43，评论的平均长度为 193.20，星级评价的均值为 4.14。Equiv 均值为 0.15，表明 15%的评论星级评价为 3 星，即不直接表明情感倾向性。另外，评论中高达 82%的评论者为女性，这与选择的餐饮领域有关，并且两个菜系本帮菜与四川菜，女性消费者数量较多。上传头像的评论者达到 93%，评论中上传图片的达到 87%，这也显示出该第三方评论网站用户管理以及生成内容质量还是比较好的。

表 4.1　　变量描述

变量	平均值	标准差	最小值	最大值
Helpfulness	2.40	4.90	1	60
Comp	0.43	0.50	0	1
ID	1632.43	4568.27	10	100071
Length	193.20	142.43	12	898

续表

变量	平均值	标准差	最小值	最大值
Rating	4.14	0.94	1	5
Equiv	0.15	0.36	0	1
Gen	0.82	0.39	0	1
Pimg	0.93	0.25	0	1
Price	108.49	45.69	67	235
AvRating	4.32	0.41	3.5	5
Review	7210.98	6135.06	2282	20876
Pic	0.87	0.34	0	1

考虑到不同的变量类型，以及部分变量的量纲差异明显，对非逻辑变量统一做对数化处理。本章对数据转换后的结果分别检测了百分位数、4 个最小值和 4 个最大值，以及偏度和峰度信息。经检测，各个变量在 25%、50%、75% 的位置取值较为均衡。4 个最小值与 4 个最大值也没有出现较大的差异。变量 Helpfulness 的偏度为 0.75，为正偏度但不大，峰度为 3.71，有一个比正态分布略长的尾巴；变量 Comp 的偏度为 0.63，为正偏度但不大，峰度为 1.47，有一个比正态分布略短的尾巴；变量 ID 的偏度为 -0.35，为负偏度但不大，峰度为 3.13，有一个比正态分布略长的尾巴。其他变量的偏度和峰度也未发现明显异常。整体上，数据质量较高，可以进行数据分析。

进一步进行变量相关性检测，对显著相关的变量进行标注。结果如表 4.2 所示，比较关系信息、评论者地位、评论长度、评论星级评价、评论者头像、餐厅平均星级、餐厅评论数量和评论中上传餐厅图片均与评论有用性显著相关。

表 4.2　　变量间相关性检测

变量	Helpfulness	Comp	lnID	lnLength	lnRating	Equiv	Gen	Pimg	lnPrice	lnAvRating	lnReview	Pic
Helpfulness	1.00											
Comp	0.13***	1.00										
lnID	0.33***	0.09	1.00									
lnLength	0.22***	0.10*	0.41***	1.00								
lnRating	0.11**	0.06	0.03	0.11**	1.00							
Equiv	-0.06	-0.03	0.12**	-0.11**	-0.43***	1.00						
Gen	-0.06	-0.07	0.16***	0.09	0.05	0.01	1.00					
Pimg	0.10*	0.07	0.36***	0.28***	0.15***	-0.01	0.10	1.00				
lnPrice	0.01	-0.13***	0.05	-0.06	0.00	-0.04	0.05	0.02	1.00			
lnAvRating	0.04	0.14***	-0.03	0.10*	0.20***	-0.06	-0.05	-0.05	-0.10	1.00		
lnReview	0.08***	0.23***	-0.07	0.04	0.15***	-0.06	0.01	-0.06	-0.50***	0.60***	1.00	
Pic	0.15***	0.01	0.35***	0.49***	0.20***	-0.06	0.31***	0.31***	0.01	-0.03	-0.06	1.00

注：* $p<0.10$，** $p<0.05$，*** $p<0.01$。

4.4.2 假设验证

在进行回归分析之前，分别进行怀特检验和 BP 检验，旨在检验数据是否存在异方差。怀特检验的原假设为同方差，chi2 （73） = 179. 87，p 值为 0. 0000，非常显著地拒绝原假设，认为存在异方差；BP 检测中采用了两种方式检验，自变量的拟合值 BP 检测和解释数据 BP 检验，p 值均为 0. 0000，非常显著地均拒绝原假设，认为存在异方差。

基于上述分析，本书采用稳健的标准差进行截取回归分析，克服数据的异方差对回归分析造成的不利影响。分别检测了 8 个模型：模型 1 是基于式（4. 1）构建的，用于检测 H1a；模型 2、模型 3、模型 4 是基于式（4. 2）构建的，用于检测 H1b；模型 5、模型 6、模型 7、模型 8 是基于式（4. 3）构建的，用于检测 H2a、H2b、H2c、H2d。结果如表 4. 3 所示。

表 4.3　　稳健的截取回归模型结果分析

变量	式（4. 1）	式（4. 2）			式（4. 3）			
	（1）	（2）	（3）	（4）	（5）	（6）	（7）	（8）
$Comp_{ip}$	0. 61 **	0. 50	0. 68 **	0. 54	-3. 40 *	-3. 20 *	-1. 22	0. 72 **
$EqComp_{ip}$		0. 28		0. 25				
$UnEqComp_{ip}$			-0. 10	-0. 04				
$Comp_{ip} \times lnID_{ip}$					0. 62 *			
$Comp_{ip} \times lnLength_{ip}$						0. 77 **		
$Comp_{ip} \times lnRating_{ip}$							0. 45 *	
$Comp_{ip} \times Equiv_{ip}$								-0. 62
$lnID_{ip}$	1. 02 ***	1. 03 ***	1. 02 ***	1. 03 ***	0. 81 ***	1. 02 ***	1. 03 ***	1. 03 ***
$lnLength_{ip}$	0. 45 **	0. 45 **	0. 45 **	0. 45 **	0. 45 **	0. 14	0. 46 **	0. 45 **
$lnRating_{ip}$	0. 27 **	0. 25 **	0. 26 **	0. 25 **	0. 30 **	0. 28 **	0. 13	0. 26 **
$Equiv_{ip}$	-0. 64 **	-0. 63 **	-0. 64 **	-0. 63 **	-0. 66 **	-0. 69 **	-0. 63 **	-0. 44
Gen_{ip}	-1. 18 **	-1. 18 **	-1. 18 **	-1. 18 **	1. 21 **	-1. 19 **	-1. 20 **	-1. 19 **

续表

变量	式（4.1）	式（4.2）			式（4.3）			
	(1)	(2)	(3)	(4)	(5)	(6)	(7)	(8)
$Pimg_{ip}$	-0.77 *	-0.77 *	-0.77 *	-0.77 *	-0.69 *	-0.67 *	-0.72 *	-0.76 *
$lnPrice_{ip}$	0.92 *	0.91 *	0.91 *	0.91 *	0.94 *	0.86 *	0.87 *	0.91 *
$lnAvRating_{ip}$	-0.64	-0.63	-0.64	-0.63	-0.66	-0.68	-0.64	-0.65
$lnReview_{ip}$	0.79 ***	0.77 ***	0.77 ***	0.77 ***	0.85 ***	0.79 ***	0.76 ***	0.78 ***
Pic_{ip}	0.07	0.08	0.08	0.08	0.02	0.09	0.08	0.07
N	1000	1000	1000	1000	1000	1000	1000	1000
Pesudo R^2	0.03	0.03	0.03	0.03	0.03	0.03	0.03	0.03
Log pseudolikelihood	-2815.75	-2815.56	-2815.67	-2815.55	-2810.35	-2812.68	-2814.29	-2815.37

注：* $p<0.10$，** $p<0.05$，*** $p<0.01$。

4.4.3 结果分析

表4.3提供了8个模型的结果及其显著性分析。本章认为评论中的比较关系信息是消费者信息有用性认知（评论有用性）的重要影响因子，而不同比较范畴并没有显著影响。模型1说明了含有特征比较关系信息的评论文本与有用性具有正相关关系，能够显著提高评论文本的有用性评价，H1a假设得到强支持。模型2、模型3、模型4测试了不同比较类型与评论有用性的关系。模型2显示了平比关系与评论有用性有正相关性，但是不显著；模型3显示了差比关系与评论有用性有负相关性，但是不显著；模型4同时考虑了这两种类型，均不显著。这些结论说明了不同比较范畴并没有明显的区别影响，评论中的平比关系与差比关系在提升评论有用性方面无差别，H1b假设不支持。

同时，本章也表明了评论者身份、是否上传头像、评论长度、评论效价、模糊性与评论有用性呈现显著相关性，在8个模型中都得到了验证。评论者身份与评论有用性显著正相关，表明具有较多贡献值的评论者更容易提高评论的价值，与朱峰等（Zhu et al.，2010）研究一致；评论长度与评论有用性显著正相关，表明评论内容越多，越容易提高有用性评价，与潘越等（Pan et al.，2011）研究一致；评论效价与评论有用性正相关，与卡里米和王方（Karimi & Wang，2017）研究一致；评论模糊性与评论有用性显著负相关，表明评论的模糊性降低了评论的有用性评价。

模型5、模型6、模型7、模型8分别验证了比较关系信息与评论者身份、评论文本长度、评论效价以及模糊性的交互作用，分别对应假设H2a、H2b、H2c、H2d。模型5显示了比较关系信息与评论者身份的交互对评论有用性显著正相关，表明评论者身份能够调节比较关系信息对评论有用性的影响，具有较高贡献值的评论者发布的比较关系信息对评论有用性的影响更强烈，假设H2a得到支持。模型6表明比较关系信息与评论文本长度的交互作用显著正向影响评论有用性，评论文本长度能够调节比较关系信息对评论有用性的影响，在较长评论文本中的比较关系信息对评论有用性的影响更显著，假设H2b得到支持。模型7表明比较关系信息与评论效价的交互作用显著正向影响评论的有用性，评论效价能够调节比较关系信息对评论有用性的影响，具有较高星级评论中的比较关系信息影响更强烈，假设H2c得到验证。模型8表明比较关系信息与评论模糊性的交互与评论有用性负相关，但不显著，评论模糊性不能调节比较关系信息的影响效果，假设H2d不通过。

除此之外，本章进行了鲁棒性测试，选取了大众点评网站西餐类型的餐饮评论、亚马逊网站的手机和相机评论数据，各取300条评论，共计900条评论进行测试，均验证了比较关系信息对评论有用性的显著正相关性。结果也表明相对于体验型商品，搜索型商品评论中比较关系信息的作用更明显。

4.4.4 研究结论

比较关系信息能够显著提高消费者对信息有用性的认知效果，即评论有用性。本章的分析证明了比较关系信息在减少信息模糊性、提高信息质量方面的价值及其机理。并且，也对评论有用性这一研究领域进行了有益补充。过去大多数研究主要关注评论者信息披露、评论效价、评论长度等比较好度量的定性和定量指标，极少关注评论内容本身。但是，随着评论数量的急剧增长，消费者更愿意看到具有高信息质量的评论文本，能够为他们提供真实客观的信息，尽可能地提供明确的评估观点。而含有具体特征比较的内容信息就是一种具有高质量的资源，能够提供多个商品的体验感受。这与消费者的购买行为相一致，消费者在购买具体商品时，很少只搜索单一的商品，他们需要尽可能地收集不同品牌的信息，建立候选商品集合，再从中仔细对比，选取最佳购买对象。具有尽可能多的信息内容，最大程度地减少犹豫程度的评论文本能够有效提高决策效率。

本章选用消费者信息有用性认知（评论有用性）作为因变量，是因为该指标能够作为评论整体综合价值的一个判断标准，也代表了该评论文本能够影响到其他消费者的决策。现有研究认为消费者读取评论就像是选取商品一样，选取满足最大效用的评论，为满足消费者进行商品选择以及对比提供有力支撑。在购买商品之前，消费者对于所购物品处于未知的状态，需要通过他人的评论观点形成自身的评估观点，最终形成购物决策。很多研究认识到评论中的部分信息对评论有用性有促进作用，特别是比较关系信息所呈现出的说服效果。

评论中的比较关系信息提供了一个情感的基准，不是单纯地理解一个商品的“好和坏”，而是提供了相对于某一个标准，具体到某些特征上的“评测”观点。为了充分说明比较关系信息所含有的高信息质量，本章从心理学、广告学以及哲学角度进行梳理，认识到比较关系信息所具有的属性。第一，比较关系信息体现了评估作用，比较关系信息实际上引入了一种比较基准，社会比较理论指出在缺乏客观标准时候，只有通过比较才能满足评估需求。第二，增强说服力，比较是一种有力的说服方式，增强了信息的可信度，通过对比会渲染出表现较差物体的负面效果，从而衬托出比较占有优势一方的表现。在工业界，一批引导型购物网站很早就认识到了比较这种表达形式的重要性，提供了多个商品的对比信息，试图引导消费者进行购物选择。第三，比较关系信息促进了对事物的认识，任何商品的“好坏”并不是绝对的，而是一个相对概念，人类的所有认知都是来自比较，没有比较就没有认识。本章的结果也证实了比较关系信息确实能够提高信息的价值，作为一个显著的影响因子提高评论的有用性判断。

根据第 3 章的研究成果，比较的范畴可以分为平比和差比两大类。其中，平比阐述了与其具有同等水平的商品；差比表达了不同商品（同一商品不同时期）之间的差异。但是本章的结果发现不同比较类型并没有显著差异。

本章的研究结论也与先前的研究成果相一致，有用性的评论通常是由高贡献值的评论者发布的，字数较多，模糊性较低，并且是较积极的情感表达。本章也检验了评论一些属性与比较关系信息的交互作用。比较关系信息与评论有用性的关系能够由评论者身份、评论文本长度和评论效价进行调节。具有较高贡献值的评论者、较长的文本、较高的星级评价能够显著地提高比较关系信息对评论有用性的影响。

4.5 理论贡献与管理启示

本章的研究结果具有理论与管理上的贡献。首先，明确了比较关系信息具有减少信息模糊性，提高信息质量的价值。此外，补充了关于评论有用性的实证研究，尽管已有研究对含有比较关系信息的评论进行了初步尝试，但是本章对比较范畴的影响、比较关系信息与评论其他属性的交互作用进行了深入探讨。因此，本章系统、全面地探讨评论中比较关系对评论价值的影响。本章也从消费者角度说明了评论关系信息具有较高的信息价值，更具有说服力。比较关系信息是从评论内容的角度出发，尽可能地帮助消费者进行信息收集与处理。研究结论认为，在消费者的购物过程中，能够辅助消费者进行商品的选择与比较，从而帮助消费者作出最佳的购物决策。同时，比较关系信息与评论者的身份、文本的长度以及文本的整体极性具有显著的交互作用。

本章主要的数据来源是中文餐饮行业，而之前的有用性研究多采用亚马逊的商品评论数据，本章选取的数据类别是对以往研究的有益补充，并对其他研究的结论在新的数据源上进行了验证和测试，丰富了评论有用性的研究体系和结论的普适性。

本章的研究结果对商家和提供评论的平台都有积极的意义。评论者发布的这些比较关系信息揭示了该消费者在购买不同商品（或不同的购买时期）后的使用体验，商家可以从中发现哪些商品与自己的商品类似，具有竞争关系。将这些比较关系信息综合起来，可以建立商品竞争网络，进而分析商品所面临的竞争环境，以及与竞争对手相比自己的优点与缺点，最终帮助商家指定有效的市场改善策略。对于提供评论的第三方平台，如大众点评网，它们重视的是用户数量和点击率。因此，提供高质量的信息是平台最重要的目的之一，有效识别出含有比较关系信息的评论文本是很有意义的。同时，从这些文本中可以提取出来自消费者的商品“评测”信息，完全基于消费者的观点进行两个或多个商品的对比分析。这将极大地提高网站的价值，并且能够辅助消费者的购物决策，吸引更多的用户浏览。许多研究已经围绕评论中的比较关系信息进行识别、抽取、分析以及应用，这些研究为商家和第三方平台应用比较关系信息进行了有力的技术支持。

此外，虽然本章的比较关系信息主要来源于在线评论，但是相信在其他的文本资源中，如 Facebook、Twitter、微博、公司年报以及社会责任报告中都含有大量的比较相关信息。这些信息同样具有极高的价值，如分析公司之间的差异，公司不同阶段的可持续性发展能力，甚至人物观点前后的不一致性。本章的研究将会促进一些新的研究领域产生。

第5章　基于比较关系的商品量化比较方法

5.1　商品间的评测分析

消费者在购物时通常会选择很多商品作为备选。在限定某些条件下，如价格、颜色、配置等，满足其需求的商品往往有很多。不同品牌的商品、同一品牌不同系列的商品、同一品牌同一系列的商品，甚至不同的销售渠道等都能困扰消费者的决策。消费者需要尽可能地搜集真实描述商品特征的信息，从而在这些备选商品中作出选择。但是在没有使用过或体验过这些商品的前提下，很难作出真实客观的比较。因此，商品之间的量化比较（即评测分析）就显得尤为重要。

商品间的评测分析在工业界是非常受欢迎的。许多网站都提供了商品间的比较信息展示，如国外的一些专业比较网站 Comparaboo、NexTag Pricegrabber、DXOMARK 等。以 DXOMARK 为例，消费者若需要了解 Pentax K－1、Sony Cyber－shot DSC－RX1R II、Sony A7R II 这三款相机的比较信息，DXOMARK 就通过技术指标对比实际的评测信息来展示它们的区别。

这样的比较方式在一定程度上能够辅助消费者的决策和判断。但是，本书注意到：第一，这类评测信息是有限的，一般只关注较为专业的指标信息，多数消费者其实并不能理解这些指标所代表的含义；第二，已有的评测信息少之又少，多数是针对电子产品类的搜索型商品，而鲜有涉及包括电影、餐饮、运动等体验型商品的评测；第三，这些评测信息是出自少数专家的实验，带有该专家个人主观性的引导，部分评测还有广告的嫌疑。

与这种通过评测获取商品之间比较的方式相比，来自社交媒体、购物网站的在线评论信息弥补了上述不足：第一，基本上任何商品都可以收集到消费者的评论内容；第二，评论内容涉及商品的各方面特征，更为全面；第三，不同的评论者随机发布的观点使得观点来源更广泛、更客观。特别是评论中的比较关系就是来自消费者自身体验的评测资源。因此，本章研究内容旨在通过在线评论中的比较关系获得来自消费者对商品进行的“评测”信息，提出一种自动化的方法用于商品间的量化比较。

消费者在购物时会面临多个选择，他们希望作出最佳决策。以餐饮行业为例，消费者想吃火锅，在限定了地理位置、人均价格等条件后，获得了A、B、C三家候选餐厅，但是此前对这三家餐厅一无所知，因此需要阅读在线评论帮助自己选择。研究发现评论中的好评居多，并且消费者不可能将所有评论阅读完再判断。因此，他们只能通过少数评论内容形成的模糊环境粗略地作出最终决策。为了给消费者提供购物建议，所有点评网站都提供了星级评分或消费者打分的功能。其中，每个餐馆都提供了综合评论者打分数据获取的餐厅整体星级、味道、环境和服务分值，帮助消费者选择。但是，研究指出评论数量、评论内容比星级评价更显著影响消费者的认知。消费者更愿意获取来自其他消费者的真实的评价信息，而评论中的比较信息就提供了一种渠道能够直接了解其他消费者对于A、B、C餐厅的直接评测结果。本章关注如何通过这类信息辅助消费者进行决策。

商品量化比较研究的前提是两个商品本身是可比的，才能进行有意义的比较。商品实质上是一种对象，而对象是指真实世界存在的一个或一类事物，可以是某个商品，也可以是某类概念。并且对象在不同的实用环境中所表达的含义是会变化的。如“苹果”在有关水果的集合中指一种水果；在有关公司的集合中表示“苹果公司”；同时它又是一种衣服品牌。因此，可比对象是有区别的：指水果的时候，可比对象就为梨、香蕉、桃等对象；指公司的时候，可比对象就为“三星电子公司”“华为技术公司”“宏达电子”等；在作为衣服品牌时，可比对象就为“Only”“Zara”“Ochirly”等品牌。对象之间具有普遍的联系，能够通过共同的属性聚合成集合，这个集合通过共同的属性建立起比较关系。本章主要关注餐饮行业。从大的方面看，所有的对象都是餐厅，它们都可以提供"饮食服务"这一共同属性，在某种程度上看是可以相互比较的。但是，由于地理位置、所属档次、主打菜系等不同的属性，又可以拆分为更细致的可比对象。

发布含有比较关系评论的前提是，评论者认为这两个对象是可比的、是相关的。同时本章注意到，并不是所有的商品都能通过评论挖掘出直接的比较关系。很多商品之间尽管是可比的，但是并不一定有评论者同时使用或体验过这两个商品，即使有也未必在评论中发表出来。因此，本章重点关注如何通过评论信息挖掘出能够自动评测任意两个可比对象的方法，提出以下研究问题：

（1）任意两个商品之间如何通过在线评论建立联系，挖掘来自消费者的"评测"信息。

（2）如何将评论中存在的商品间的联系转化为商品间的量化比较，辅助阅读评论的消费者作出更好的决策。

5.2 基于比较关系的商品量化比较框架

研究框架如图 5.1 所示，通过在线评论获取两个可比商品间的"评测"信息包括三种有效策略：存在直接比较关系；无直接比较关系，有共同可比对象；无直接比较关系，无共同可比对象。对于有直接比较关系的两个商品：抽取二者的特征比较观点对进行分析。对于无直接比较关系，有共同可比对象的两个商品：分别抽取和共同比较对象相关的特征比较观点对，将共同可比对象视为比较标准，对两个商品进行间接比较。对于无直接比较关系，无共同可比对象的两个商品：从评论本身入手进行客观信息提取。假设评论者在未进行评论前认知是一致的，通过一些餐饮经历获得了其评判的标准，当前评论是建立在该标准之上的观点，进而获得相同比较基准的特征比较观点对。在获得上述具体信息后，分别采用单线量化方法、双线量化方法和多线量化方法对两个商品进行评测分析和可视化展示。

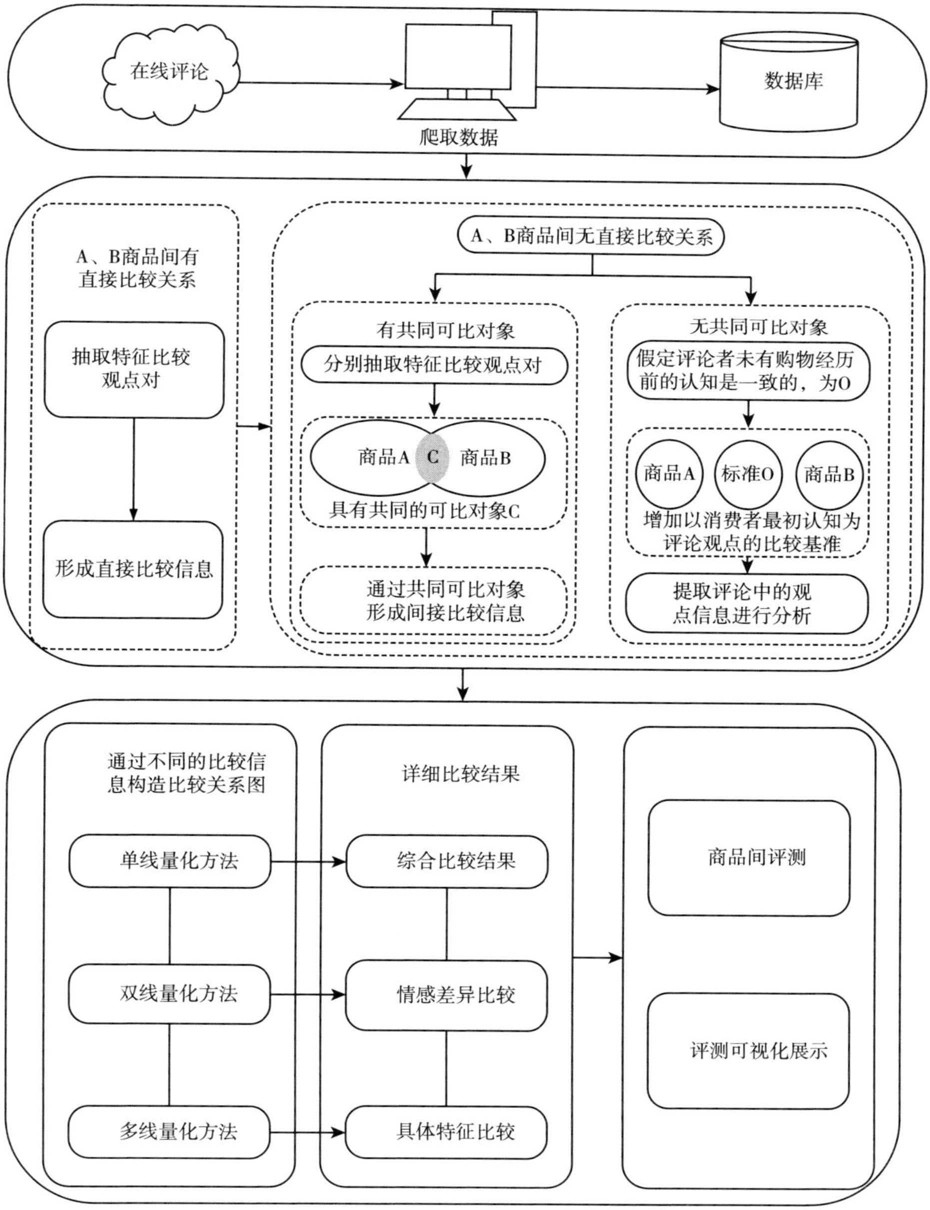

图 5.1　基于比较关系的商品量化比较框架

5.3 商品的量化比较模型

已有一些研究通过社交媒体数据进行了商品量化比较探索。如有研究从社交媒体信息中提取到了三家比萨连锁店客户产生的内容，并将这些内容用于三家连锁店的对比和分析（He et al.，2013）；也有研究挖掘酒店的在线评论，抽取出酒店各个特征的评价信息用作不同酒店的对比（Amadio & Procaccino，2016）；还有的采用了文本挖掘技术获取了有关 iPhone 6 和 Galaxy S5 的社交媒体信息，分析了消费者的购买意愿和情感极性，比较两个商品在市场中的地位（Kim et al.，2016）。从上述研究中发现，在社交媒体中提取商品间全面的比较观点是可行的。但是，大多数消费者在评价商品时，根据自身使用情况或者体验情况，发表只针对所购买商品的评论观点，本书在前文将这样的评论内容称为单一商品评论。如消费者认为“iPhone 6 的反应速度很快”，这只是根据自己的使用情况形成的观点。反应快的标准是什么，怎么体现出快？“快”的标准是缺失的，类似这样的单一商品观点评论实际上是模糊的，直接用于商品之间的对比并不完全可信，因为很可能消费者对其他手机的评价也是“反应速度很快”。近年来，一些研究中认识到了社交媒体中比较关系信息的重要性，特别是在含有比较关系信息的在线评论中包含了消费者观点的评价标准，将这些信息抽取出来，可用于商品的“评测”。这类评论内容中，通常会涉及两个实体，其中一个实体可以作为比较基准。如在评论“iPhone 6 的反应速度比 Galaxy S5 快一些”中，就体现了与 Galaxy S5 的反应速度相比，iPhone 6 的表现要好一些。相对于单一商品评论观点，这样的观点可信度更高，更有价值。从含有比较的评论中提取出的商品比较关系，可以视为消费者在使用过或体验过两种商品后的一种“测评”结果。因此，本章将探索并提出基于消费者使用体验的商品自动量化比较方法。

本章将第 3 章获取的特征比较观点对分别用于三种情况下两个商品之间

的比较，并从三个方面展示基于消费者的“评测”观点：第一，不考虑特征，两个商品之间的整体情感倾向；第二，不考虑特征，两个商品的正向情感和负向情感比较；第三，考虑特征，在每个特征上消费者的整体比较观点。张等（Zhang et al.，2013）针对比较关系提出了三种图形：单线图、双线图、多线图。本章在三种类型图形基础上做了一些改进。

5.3.1 单线量化方法

两个商品之间通过一条有向线相连，箭头方向指向消费者更喜欢的商品。这是整体层面的情感比较，不考虑特征，将两个商品间所有的特征比较观点对整合。n 表示特征比较观点对的数量，包括正向（$P_1 > P_2$）、负向（$P_1 < P_2$）以及相等（$P_1 = P_2$）三种类型。$Score_i$表示第 i 个特征比较观点对的量化结果。如果特征比较观点对的加和值 $\sum_{i=1}^{n}\{Score_i\} > 0$，表示消费者整体上认为$P_1$比$P_2$更好，将生成一条线指向$P_1$（$P_1 \leftarrow P_2$）；如果 $\sum_{i=1}^{n}\{Score_i\} < 0$，则$P_2$更好，形成$P_1 \rightarrow P_2$的连线；如果 $\sum_{i=1}^{n}\{Score_i\} = 0$，表明消费者的整体观点是认为两个商品是差不多的，两个商品之间只形成一个无向线，其权重采用式（5.1）计算：

$$w_{P_1P_2} = \frac{1}{n}\left|\sum_{i=1}^{n}\{Score_i\}_{P_1P_2}\right| \tag{5.1}$$

5.3.2 双线量化方法

每个评论者的体验和偏好是有差异的。因此，对两个商品间的认知也是不尽相同的，评论中认为“P_1比P_2好”和“P_2比P_1好”的比较观点都是存在的，需要了解正向情感与负向情感的差异。$Score_{i+}$表示第 i 个正向的比较结果，即（$P_1 > P_2$），n^+表示P_1与P_2正向特征比较对的数量（$P_1 > P_2$）。$Score_{i-}$和n^-分别表示负向的比较结果和负向特征比较对数量，n^0表示P_1和P_2平比比较对数量。$\sum_{i^+=1}^{n^+}\{Score_{i^+}\}_{P_1P_2}$表示比较主体$P_1$与$P_2$形成的所有正向特征比较观点对情感值的总和，能够形成一条从P_2指向P_1的线（$P_1 \leftarrow P_2$），称作Ⅰ类型；$\sum_{i^-=1}^{n^-}\{Score_{i^-}\}_{P_1P_2}$表示比较主体$P_1$与$P_2$形成的所有负向特征比较观点对情感值的总和，能够形成一条从P_1到P_2的线（$P_1 \rightarrow P_2$），称作类型Ⅱ。换句话说，两个商品之间所有的特征比较观点对被分割成Ⅰ和Ⅱ两种类型，类型Ⅰ包含所有正向特征比较观点对，类型Ⅱ包含所有负向特征比较观点对。另外，对于平比关系，即P_1和P_2的情感值为0的时候，因不能体现出倾向性，将无法构成连线。线条的权重计算如式（5.2）和式（5.3）所示，分别表示在所有比较关系中的正向比较和负向比较的情感平均值。

$$w^+_{P_1P_2} = \frac{\left|\sum_{i^+=1}^{n^+}\{Score_{i^+}\}_{P_1P_2}\right|}{n^+} \tag{5.2}$$

$$w^-_{P_1P_2} = \frac{\left|\sum_{i^-=1}^{n^-}\{Score_{i^-}\}_{P_1P_2}\right|}{n^+} \tag{5.3}$$

5.3.3 多线量化方法

整体比较是了解消费者的整体偏好，正负情感对比是展示消费者不同观点的比例。考虑到消费者的偏好不同，通过特征这种细节信息能够进行商品的全方位对比。$\sum_{i_a^+=1}^{n_a^+}\{Score_{i_a^+}\}_{P_1P_2}$表示关于特征 a 的$P_1 > P_2$的所有特征比较观点对的情感值总和。$n_a^+$表示关于特征 a 的$P_1 > P_2$的特征比较观点对数量，$Score_{i_a^+}$表示第 i 个关于特征 *a* 的特征比较观点对。$\sum_{i_a^-=1}^{n_a^-}\{Score_{i_a^-}\}_{P_1P_2}$、$n_a^-$和$Score_{i_a^-}$表示针对$P_1 < P_2$的相似概念。如果$\sum_{i_a^+=1}^{n_a^+}\{Score_{i_a^+}\}_{P_1P_2} + \sum_{i_a^-=1}^{n_a^-}\{Score_{i_a^-}\}_{P_1P_2} > 0$，将会形成一

条关于特征 a 的有向线，箭头从 P_2 指向 P_1（$P_1 \leftarrow P_2$）。类似地，如果 $\sum_{i_a^+=1}^{n_a^+}\{Score_{i_a^+}\}_{P_1P_2} + \sum_{i_a^-=1}^{n_a^-}\{Score_{i_a^-}\}_{P_1P_2} < 0$，会形成一条 P_1 指向 P_2 的线（$P_1 \rightarrow P_2$）。但是如果没有关于特征 a 的特征比较观点对，或者 $\sum_{i_a^+=1}^{n_a^+}\{Score_{i_a^+}\}_{P_1P_2} + \sum_{i_a^-=1}^{n_a^-}\{Score_{i_a^-}\}_{P_1P_2} = 0$，$P_1$ 和 P_2 之间形成一条无向线，表示消费者在这个特征上对于这两个商品没有差别观点。因此，两个商品之间线条的数量即为特征的数量。每条线的权重为 $w_{P_1P_2}^a$，表示在该特征上消费者整体的倾向性，公式为：

$$w_{P_1P_2}^a = \frac{\left|\sum_{i_a^+=1}^{n_a^+}\{Score_{i_a^+}\}_{P_1P_2}\right|}{\left|\sum_{i_a^+=1}^{n_a^+}\{Score_{i_a^+}\}_{P_1P_2}\right| + \left|\sum_{i_a^-=1}^{n_a^-}\{Score_{i_a^-}\}_{P_1P_2}\right|} \times 100\% \tag{5.4}$$

上述三种量化方法的具体计算实例如表 5.1 所示，本章展示了计算结果与可视化对比结果。

表 5.1　三种图形构建实例

观点对	图	连接线	线的权重	示例图
$<P_1,P_2,a_1,-2>$ $<P_1,P_2,a_2,-2>$ $<P_1,P_2,a_3,3>$ $<P_1,P_2,a_4,2>$ $<P_1,P_2,a_5,-1>$ $<P_1,P_2,a_5,0>$	单线图	Link1：$(-2)+(-2)+3+2+(-1)+0=0$，无向线	Link1：权重 $=0$	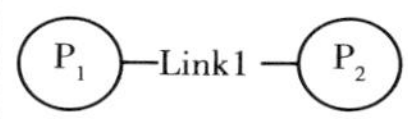
	双线图	Link1：$-2+(-2)+(-1)<0, P_1\rightarrow P_2$ Link2：$3+2>0, P_2\rightarrow P_1$	Link1：权重 $=\|(-2)+(-2)+(-1)\|/3=1.67$ Link2：权重 $=\|3+2\|/2=2.5$	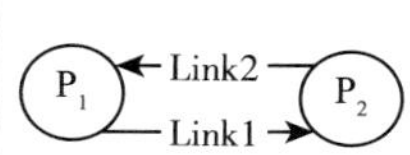
	多线图	Link1：$-2<0, P_1\rightarrow P_2$ Link2：$-2<0, P_1\rightarrow P_2$ Link3：$3>0, P_2\rightarrow P_1$ Link4：$2>0, P_2\rightarrow P_1$ Link5：$-1+0<0, P_1\rightarrow P_2$	Link1：权重 $=\|0\|/\|2\|\times100\%=0$ Link2：权重 $=\|0\|/\|2\|\times100\%=0$ Link3：权重 $=\|3\|/\|3\|\times100\%=100\%$ Link4：权重 $=\|2\|/\|2\|\times100\%=100\%$ Link5：权重 $=\|0\|/\|1\|+\|0\|\times100\%=0$	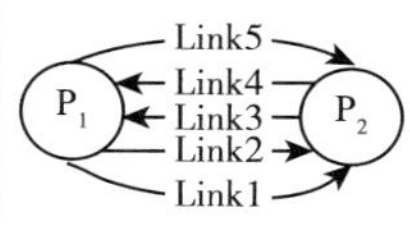

续表

观点对	图	连接线	线的权重	示例图
$<P_1, P_2, a_1, 1>$ $<P_1, P_2, a_2, 2>$ $<P_1, P_2, a_3, -1>$ $<P_1, P_2, a_3, 2>$ $<P_1, P_2, a_4, -1>$ $<P_1, P_2, a_5, 0>$	单线图	Link1: $1+2+(-1)+2+(-1)+0>0$, $P_2 \rightarrow P_1$	Link1: 权重 $= \lvert 1+2+(-1)+2+(-1)+0 \rvert /6=0.5$	
	双线图	Link1: $1+2+2>0$, $P_2 \rightarrow P_1$ Link2: $-1+(-1)<0$, $P_1 \rightarrow P_2$	Link1: 权重 $= \lvert 1+2+2 \rvert /3=1.67$ Link2: 权重 $= \lvert -1-1 \rvert /2=1$	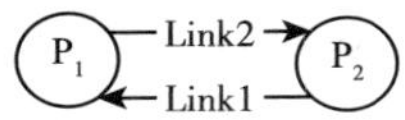
	多线图	Link1: $1>0$, $P_2 \rightarrow P_1$ Link2: $2>0$, $P_2 \rightarrow P_1$ Link3: $-1+2>0$, $P_2 \rightarrow P_1$ Link4: $-1<0$, $P_1 \rightarrow P_2$ Link5: $0=0$, 无向线	Link1: 权重 $= \lvert 1 \rvert / \lvert 1 \rvert \times 100\% = 100\%$ Link2: 权重 $= \lvert 2 \rvert / \lvert 2 \rvert \times 100\% = 100\%$ Link3: 权重 $= \lvert 2 \rvert / \lvert 2 \rvert + \lvert 1 \rvert \times 100\% = 66.7\%$ Link4: 权重 $= \lvert 0 \rvert / \lvert 1 \rvert \times 100\% = 0$ Link5: 无权重	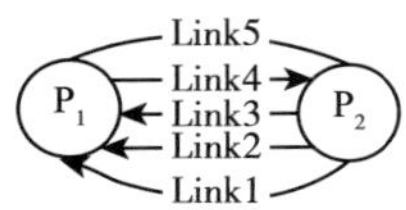

5.4 商品比较关系挖掘的三种策略

通过前面章节的研究内容可知，在线评论中出现的含有比较关系的评论，可以进一步转化为特征比较观点对，即来自消费者的商品“评测”观点，这些观点是可以用于商品间的对比分析的。本章假设消费者群体形成的认知状态是理性的，不存在刻意的虚假观点。基于第 5.3 节的三种量化方法可以收集任意两个可比商品间的特征比较观点对。但是本章发现，通过在线评论识别两个商品间的比较信息包含三种情形：存在直接比较关系；无直接比较关系，有共同可比对象；无直接比较关系，无共同可比对象。为将任意两个可比商品进行量化比较，本章提出三种针对性策略解决上述情形。

5.4.1 策略一：存在直接比较关系

通过扫描商品P_1和P_2的在线评论，提取出同时含有P_1和P_2的评论文本，采用第 3 章的在线评论比较关系识别与抽取方法，获得含有 P_1和P_2的特征比较观点对，如表5.2所示。包括$P_1>P_2$的观点对（P_1比P_2好），$P_1<P_2$的观点对（P_2比P_1好），以及$P_1=P_2$的观点对（P_1与P_2差不多）。

表5.2　含有直接比较关系的特征比较

特征	$P_1>P_2$	$P_1<P_2$	$P_1=P_2$
a_1	$<P_1,P_2,a_1,1.5>$，$<P_1,P_2,a_1,1>\cdots$	$<P_2,P_1,a_1,1>$，$<P_2,P_1,a_1,0.5>\cdots$	$<P_1,P_2,a_1,0>$，$<P_2,P_1,a_1,0>\cdots$
a_2	$<P_1,P_2,a_2,0.5>$，$<P_1,P_2,a_2,1.5>\cdots$	$<P_2,P_1,a_2,0.5>$	无
a_3	无	$<P_2,P_1,a_2,1.5>\cdots$	无
…	…	…	…

通过P_1和P_2的直接比较关系，提供了来自消费者的直接评测信息，结合单线量化方法、双线量化方法、多线量化方法获得的三种不同类型的图，首先采用式（5.1）进行二者的综合比较；然后分别展示两个商品间的正向情感平均分值和负向情感平均分值以及各自对应的数量；最后通过式（5.4）展示两个商品在各个特征上的比较情况。

5.4.2　策略二：无直接比较关系，有共同可比对象

评论数量是有限的，不可能所有的两个可比商品都会有消费者表达出直接的比较观点。但是本章发现在这些不直接进行比较的商品中，可以通过共同的可比对象形成间接比较。如在评论中，商品P_1和商品P_3同时都与商品P_2存在直接的比较关系，即形成"P_1、P_2、P_3"模式。有研究指出可以通过共同的可比对象间接建立P_1与P_3的比较关系（Varathan et al.，2017）。这也符合海德的平衡理论（Heider's Balance Theory）。这个理论在揭示三者关系中表明，三者如果处于不平衡的状态易产生紧张感觉，并努力产生能够恢复平衡的力量。对于平衡状态，被感知的个体与所感觉的情绪将无压力地共存，人类普遍有一种平衡、和谐的需要。P_2作为一种共同的比较客体，即为评价P_1和P_3的比较基准。假设所有消费者对于P_2的群体认知是一致的，通过P_1、P_3

分别和P_2的比较情况来探讨（P_1，P_3）的对比。本章将借助共同的比较客体建立两个主体间的关系，分别抽取出P_1和P_2、P_2和P_3形成的特征比较观点对，如表5.3所示。

表5.3　　通过共同可比对象建立的比较关系

特征	(P_1, P_2)		(P_2, P_3)		(P_1, P_3)	
	$P_1>P_2$	$P_1<P_2$	$P_2>P_3$	$P_2<P_3$	$P_1>P_2>P_3$	$P_1<P_2<P_3$
a_1	$<P_1, P_2, a_1, 1.5>$…	$<P_2, P_1, a_1, 1>$…	$<P_2, P_3, a_1, 0.5>$…	$<P_3, P_2, a_1, 1.5>$…	$<P_1, P_2, a_1, 1.5>$, $<P_2, P_3, a_1, 0.5>$…	$<P_2, P_1, a_1, 1>$, $<P_3, P_2, a_1, 1.5>$…
a_2	$<P_1, P_2, a_2, 0.5>$…	$<P_2, P_1, a_2, 0.5>$	$<P_2, P_3, a_2, 1.5>$	$<P_3, P_2, a_2, 1>$…	$<P_1, P_2, a_2, 0.5>$, $<P_2, P_3, a_2, 1.5>$…	$<P_2, P_1, a_2, 0.5>$, $<P_3, P_2, a_2, 1>$…
a_3	无	$<P_2, P_1, a_3, 1.5>$…	$<P_2, P_3, a_3, 1>$…	$<P_3, P_2, a_3, 2.5>$…	无	$<P_2, P_1, a_3, 1.5>$, $<P_3, P_2, a_3, 2.5>$…
…	…	…	…	…	…	…

通过共同的可比对象进行间接比较可以分为两种基本情况：一是P_1、P_3消费者的整体认知均优于（差于）P_2，即$P_1>P_2$，$P_3>P_2$（或$P_1<P_2$，$P_3<P_2$）；二是P_1、P_3不同时优于（差于）P_2，即$P_1>P_2>P_3$（或$P_1<P_2<P_3$）。

（1）同时优于（差于）共同可比对象。当$P_1>P_2$ & $P_3>P_2$时，即两组特征比较观点对的情感平均值满足条件$\frac{1}{n_{P_1P_2}}\sum_{i=1}^{n_{P_1P_2}}\{Score_i\}_{P_1P_2} > \frac{1}{n_{P_3P_2}}\sum_{i=1}^{n_{P_3P_2}}\{Score_i\}_{P_3P_2} > 0$，则生成一条从$P_3$指向$P_1$的线（$P_1 \leftarrow P_3$）。同理$\frac{1}{n_{P_3P_2}}\sum_{i=1}^{n_{P_3P_2}}\{Score_i\}_{P_3P_2} > \frac{1}{n_{P_1P_2}}\sum_{i=1}^{n_{P_1P_2}}\{Score_i\}_{P_1P_2} > 0$，则生成$P_1 \rightarrow P_3$的直线。当$P_1<P_2$ & $P_3<P_2$时，即两组特征比较观点对的情感平均值满足条件$0 > \frac{1}{n_{P_1P_2}}\sum_{i=1}^{n_{P_1P_2}}\{Score_i\}_{P_1P_2} > \frac{1}{n_{P_3P_2}}\sum_{i=1}^{n_{P_3P_2}}\{Score_i\}_{P_3P_2}$，生成一条从$P_3$指向$P_1$的线（$P_1 \leftarrow P_3$）；反之，生成$P_1 \rightarrow P_3$的直线。

当$\frac{1}{n_{P_3P_2}}\sum_{i=1}^{n_{P_3P_2}}\{Score_i\}_{P_3P_2} = \frac{1}{n_{P_1P_2}}\sum_{i=1}^{n_{P_1P_2}}\{Score_i\}_{P_1P_2}$时，则形成无向线，说明$P_1$、$P_3$在消费者眼中并没有太大差别。有向线的权重值为：

$$w_{P_1P_3} = |w_{P_1P_2} - w_{P_2P_3}| \tag{5.5}$$

以上是P_1、P_3的综合比较结果，下面探讨两者的正向和负向情感比较。首先用式（5.2）、式（5.3）分别计算出（P_1，P_2）和（P_3，P_2）的正向、负向情感数值（$w^+_{P_1P_2}$，$w^+_{P_3P_2}$，$w^-_{P_1P_2}$，$w^-_{P_3P_2}$）。当$w^+_{P_1P_2} > w^+_{P_3P_2}$时，形成从$P_3$指向$P_1$的Ⅰ类型有向线（$P_1 \leftarrow P_3$）；当$w^+_{P_1P_2} < w^+_{P_3P_2}$时，形成$P_1 \rightarrow P_3$的Ⅰ类型线。当$w^-_{P_1P_2} > w^-_{P_3P_2}$时，形成从$P_1$指向$P_3$的Ⅱ类型线（$P_1 \rightarrow P_3$）；当$w^-_{P_1P_2} < w^-_{P_3P_2}$时，形成$P_1 \leftarrow P_3$的Ⅱ类型线。两种类型线的权重分别如式（5.6）和式（5.7）所示。将上述获得结果结合（P_1，P_2）和（P_2，P_3）各自的数量及权重值用于P_1、P_3对比分析。

$$w^+_{P_1P_3} = |w^+_{P_1P_2} - w^+_{P_3P_2}| \tag{5.6}$$

$$w^-_{P_1P_3} = |w^-_{P_1P_2} - w^-_{P_3P_2}| \tag{5.7}$$

（2）不同时优于（差于）共同可比对象。当评论中显示的消费者整体情感倾向为$P_1 > P_2$ & $P_2 > P_3$（$P_1 < P_2$ & $P_2 < P_3$），瓦拉坦等（Varathan et al.，2017）、特卡钦科和劳乌（Tkachenko & Lauw，2014，2017）等认为可以通过P_2建立顺接的比较关系，即形成$P_1 > P_2 > P_3$（$P_1 < P_2 < P_3$）的比较形式。尽管“选举悖论”中指出在一些实际问题中这样的关系传递未必正确，但是这里只是考虑消费者的整体性认知，如果绝大多数消费者认为P_1优于P_2（P_2优于P_1），P_2优于P_3（P_3优于P_2），那么存在这样的观点$P_1 > P_2 > P_3$（$P_1 < P_2 < P_3$）对消费者造成影响。

首先借助P_2进行P_1、P_3综合判断。如果有综合情感值满足$P_1 > P_2$ & $P_2 > P_3$，即$\frac{1}{n_{P_1P_2}}\sum_{i=1}^{n_{P_1P_2}}\{Score_i\}_{P_1P_2} > 0 \& \frac{1}{n_{P_2P_3}}\sum_{i=1}^{n_{P_2P_3}}\{Score_i\}_{P_2P_3} > 0$，则生成一条从$P_3$指向$P_1$的线（$P_1 \leftarrow P_3$）。同理，若$P_1 < P_2$ & $P_2 < P_3$，则生成一条从P_1指向P_3的线

（$P_1 \to P_3$）。线的权重用式（5.8）进行计算：

$$w_{P_1P_3} = \left| w_{P_1P_2} + w_{P_2P_3} \right| \tag{5.8}$$

其次是对于P_1、P_3正向和负向情感的分析。分别抽取（P_1，P_2）和（P_2，P_3）中的正向和负向情感对，并计算对应的正向、负向情感数值$w^+_{P_1P_2}$，$w^+_{P_2P_3}$，$w^-_{P_1P_2}$，$w^-_{P_2P_3}$。如果综合情感值满足$P_1 > P_2$ & $P_2 > P_3$，则分别形成$P_1 \leftarrow P_3$的Ⅰ类型线和$P_1 \to P_3$的Ⅱ类型线；如果综合情感值满足$P_1 < P_2$ & $P_2 < P_3$，则分别形成$P_1 \to P_3$的Ⅰ类型线和$P_1 \leftarrow P_3$的Ⅱ类型线。两条线的权重如式（5.9）和式（5.10）所示。将上述获得结果结合（P_1，P_2）和（P_2，P_3）各自的数量及权重值用于P_1、P_3对比分析。

$$w^+_{P_1P_3} = \left| w^+_{P_1P_2} + w^+_{P_3P_2} \right| \tag{5.9}$$

$$w^-_{P_1P_3} = \left| w^-_{P_1P_2} + w^-_{P_3P_2} \right| \tag{5.10}$$

最后是关于特征方面的比较。采用式（5.11）表示（P_1，P_2）和（P_2，P_3）关于特征 a 的比较观点$V^a_{P_1P_2}$和$V^a_{P_3P_2}$，将P_2在各个特征上的值设为0，$V^a_{P_1P_2}$和$V^a_{P_3P_2}$的数值即为P_1、P_3在各个特征上的得分，n_a^+和n_a^-分别表示关于特征 a 的正、负特征比较观点对数量，$\sum_{i_a^+=1}^{n_a^+} \{Score_{i_a^+}\}_{P_1P_2}$和$\sum_{i_a^-=1}^{n_a^-} \{Score_{i_a^-}\}_{P_1P_2}$分别是对应的正负特征情感对的情感总和。将特征比较结果用雷达图进行展示，雷达图是一种可同时展现多物体多维度信息比较的图形。

$$V^a_{P_1P_2} = \frac{\sum_{i_a^+=1}^{n_a^+} \{Score_{i_a^+}\}_{P_1P_2} + \sum_{i_a^-=1}^{n_a^-} \{Score_{i_a^-}\}_{P_1P_2}}{n_a^+ + n_a^-} \tag{5.11}$$

需要指出的是，P_1、P_3之间可能会出现多个共同可比对象，对每个可比对象采取相同的处理步骤，转化成P_1、P_3之间的特征比较观点对，最后可采用上一节的过程进行处理。

5.4.3　策略三：无直接比较关系，无共同可比对象

对于商品P_1与P_4，既不存在直接的比较观点，又没有共同的可比对象，从评论观点中提取二者的对比信息比较困难，本章考虑从评论本身内容入手。实际上，消费者对商品所发表的评论都是基于先前的经验所得。例如，消费者认为“这个餐厅的环境非常好”，是因为该餐厅在“环境”这一特征上超过了消费者通过以往认知获得的标准。假设所有消费者在没有相关经验之前的认知都是相同的，用字母“O”表示，在获得不同的经验之后，其评价标准发生差异，对当前物体的评价正是建立在这种差异之上。因此，本章通过搜集消费者以往经历获得其评价的标准，将当前评论与这个标准进行对比。

抽取出消费者与该特征有关的评论内容进行情感分析，计算出特征的观点值。消费者关于该特征的所有评论内容的平均观点值将作为该消费者在这个特征上的标准，即比较客体。如关于P_1例句“味道非常棒”可以得到$<P_1,\ a_7,\ 2.5>$，然后计算当前时间节点前的评论中，关于特征“味道”内容所承载的平均观点值。假设在“味道”这一特征上消费者的平均情感值为1.0，则最终从“味道非常棒”获得的特征比较观点对为$<P_1,\ 1.0,\ a_7,\ 2.5>$，进一步计算得到$<P_1,\ O,\ a_7,\ 1.5>$。比较客体“O”指消费者在没有任何经验状态下的统一的认知，可视为所有消费者的共同比较客体，其数值意义为0。最终，分别获得P_1、P_4与共同的比较客体“O”的比较观点对，如表5.4所示。

表5.4　通过共同节点O建立的比较关系

特征	(P_1, O)		(P_4, O)	
	$P_1 > O$	$P_1 < O$	$P_4 > O$	$P_4 < O$
a_1	$<P_1, O, a_1, 2>$…	$<P_1, O, a_1, -0.5>$…	$<P_4, O, a_1, 1.5>$…	$<P_4, O, a_1, 0>$…
a_2	$<P_1, O, a_2, 0.5>$…	$<P_1, O, a_2, -1>$…	$<P_4, O, a_2, 1>$…	$<P_4, O, a_2, -0.5>$…
a_3	$<P_1, O, a_3, 0.5>$…	无	$<P_4, O, a_3, 1.5>$…	$<P_4, O, a_3, -1>$…
…	…	…	…	…

引入的共同比较客体“O”可以视为第5.4.2节内容中提到的共同比较客体P_2，关于综合比较、正向负向情感对比以及特征比较的具体实施过程同上节内容。本章将结合具体的餐饮行业评论数据进行任意两个可比餐厅的量化比较研究。

5.5 本章实验与分析

5.5.1 实验一：存在直接比较关系的商品量化比较实验

选取了杨浦区（上海行政区域）50家主打川菜的饭店，抽取了有效评论文本35872个。通过在线评论比较关系识别与抽取方法从这些评论文本中获得所有的特征比较观点对。首先挑选出R_2和R_3两家餐厅进行比较。两家餐厅地理位置都在同一区域，主打同一菜系，具有可比关系。抽取出评论中涉及R_2和R_3的直接比较信息，一共涉及20条比较信息，然后转化成特征比较观点对，如表5.5和表5.6所示。

表5.5　R_2和R_3的特征比较信息实例

在线评论	比较主体	比较客体	比较特征	比较结果	特征比较观点对
花生冰沙没有R_3的好吃。番茄炒土鸡蛋是我吃到现在川菜馆里最符合上海人口味的，酸酸甜甜的，喜欢。冬瓜汤太鲜，感觉是味精的鲜。虾仁粉丝煲味道无功无过。还是量太大啊	R_2	R_3	a_7	好吃	$<R_2, R_3, a_7, 1.5>$
随大流地点了钵钵鸡，可是没有R_3里的好吃，R_3的很入味。花生和香辣味道融合在一起	R_2	R_3	a_7	好吃	$<R_2, R_3, a_7, 1.5>$
R_3的价位和R_2是差不多的	R_3	R_2	a_6	差不多	$<R_3, R_2, a_6, 0>$
…	…	…	…	…	…

表 5.6　　含有直接比较关系的特征比较

特征	$R_2 > R_3$	$R_2 < R_3$	$R_2 = R_3$
a_1	$<R_2, R_3, a_1, 2>$, $<R_2, R_3, a_1, 2>$	无	$<R_2, R_3, a_1, 0>$
a_2	无	$<R_3, R_2, a_2, 0.5>$, $<R_3, R_2, a_2, 0.5>$	无
a_3	无	无	无
a_4	$<R_2, R_3, a_4, 2.5>$, $<R_2, R_3, a_4, 2>$, $<R_2, R_3, a_4, 2.5>$	无	无
a_5	无	$<R_3, R_2, a_5, 1.5>$	
a_6	$<R_2, R_3, a_6, 2>$	无	$<R_3, R_2, a_6, 0>$
a_7	$<R_2, R_3, a_7, 1.5>$, $<R_2, R_3, a_7, 1.5>$, $<R_2, R_3, a_7, 1.5>$, $<R_2, R_3, a_7, 1.5>$, $<R_2, R_3, a_7, 1.5>$, $<R_2, R_3, a_7, 2.5>$	$<R_3, R_2, a_7, 1.5>$, $<R_3, R_2, a_7, 2.5>$, $<R_3, R_2, a_7, 1.5>$, $<R_3, R_2, a_7, 0.5>$, $<R_3, R_2, a_7, 0.5>$	无

采用式（5.1）计算综合比较情况，可得 $\sum_{i=1}^{n}\{Score_i\}_{R_2R_3} = (2+2+2.5+2+2.5+\cdots-0.5-0.5-1.5-\cdots)=14, n=22$。生成一条有向线 $R_2 \leftarrow R_3$，说明相比于 R_3，R_2更好，并且$w_{P_1P_2}=0.64$。

采用式（5.2）和式（5.3）计算两个餐厅间的正负评价信息，$n^+=12$，$n^-=8, n^0=2$，$\sum_{i^+=1}^{n^+}\{Score_{i^+}\}_{R_2R_3} = (2+2+2.5+2+\cdots) = 23, w^+_{R_2R_3} = 1.92$，$\sum_{i^-=1}^{n^-}\{Score_{i^+}\}_{R_2R_3} = (-0.5-0.5-1.5-\cdots) = 9, w^-_{R_2R_3} = 1.13$。

采用式（5.4）计算两个餐厅间各个特征的比较信息，特征 a_3无任何比较，认为无偏向性。其余特征分别获得$w^{a1}_{R_2R_3}=100\%$, $w^{a2}_{R_2R_3}=0$, $w^{a4}_{R_2R_3}=100\%$, $w^{a5}_{R_2R_3}=0$, $w^{a6}_{R_2R_3}=100\%$, $w^{a7}_{R_2R_3}=56.7\%$。对应的表达正向观点的数量分别为 2/3，0，0，1，1/2，6/11。将上述对比分析结果在表 5.7 中展示。

表 5.7　　存在直接比较关系的（R_3，R_2）的评测分析

<table>
<tr><td rowspan="2">整体比较</td><td rowspan="2">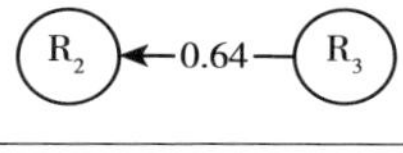
</td><td>比较结果</td><td>差距</td></tr>
<tr><td>R_2优于R_3</td><td>0.64</td></tr>
<tr><td rowspan="4">正向负向比较</td><td rowspan="4">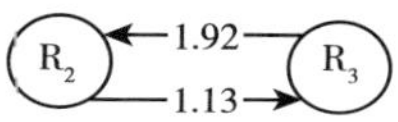
</td><td colspan="2">正向负向比较观点的比例</td></tr>
<tr><td colspan="2">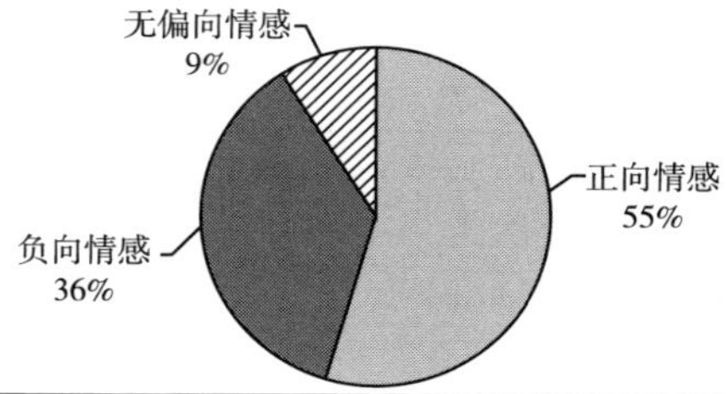
</td></tr>
<tr><td colspan="2">正向负向平均情感值比较</td></tr>
<tr><td colspan="2">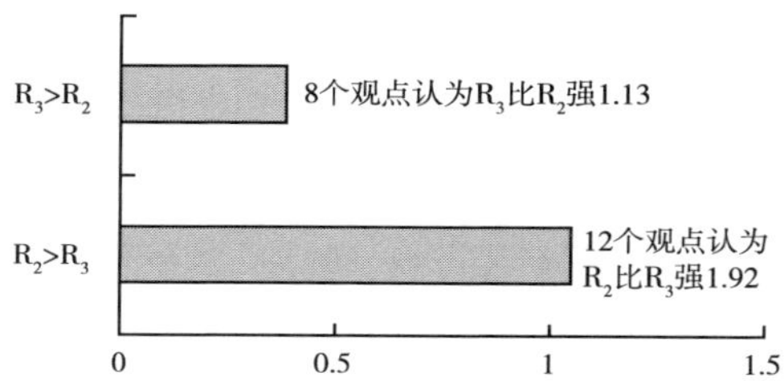
</td></tr>
<tr><td rowspan="2">特征比较</td><td rowspan="2">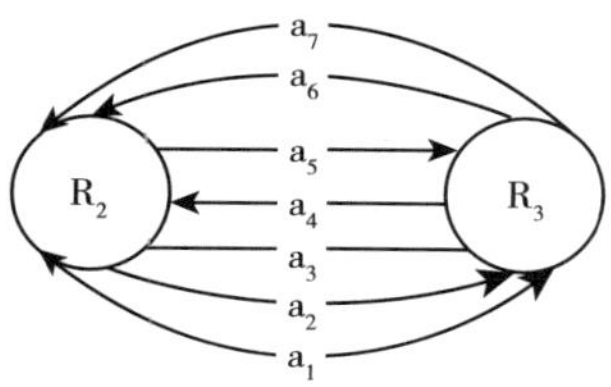
</td><td colspan="2">各个特征的情感比较</td></tr>
<tr><td colspan="2">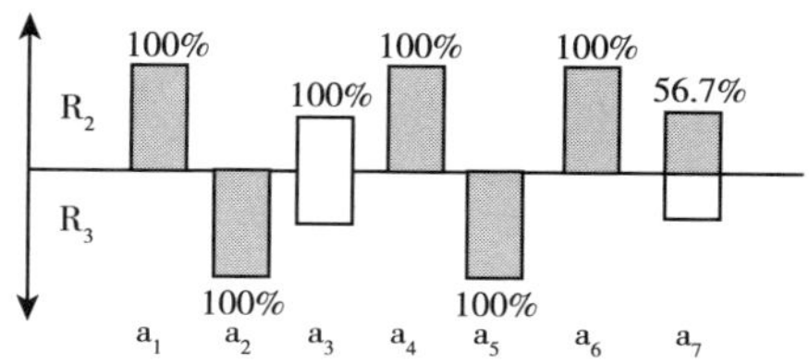
</td></tr>
</table>

5.5.2　实验二：存在共同可比对象的商品量化比较实验

从数据中找到餐厅R_2和R_{37}，通过检索二者各自的特征观点对，并未发现存在直接比较的观点对，但是都只与R_4存在直接比较关系。基于在线评论比较关系抽取（R_2，R_4）和（R_{37}，R_4）形成的特征比较观点对如表 5.8 所示。

表 5.8　　（R_2，R_4）和（R_{37}，R_4）形成的特征比较观点对

特征	（R_2，R_4）		（R_4，R_{37}）	
	$R_2 > R_4$	$R_2 < R_4$	$R_4 > R_{37}$	$R_4 < R_{37}$
a_1	$<R_2,R_4,a_1,0.5>$	$<R_2,R_4,a_1,-1>$，$<R_2,R_4,a_1,-1.5>$，$<R_2,R_4,a_1,-1>$	无	无
a_2	$<R_2,R_4,a_2,1>$，$<R_2,R_4,a_2,0.5>$	无	$<R_4,R_{37},a_2,0.5>$	$<R_{37},R_4,a_2,1>$
a_3	无	无	$<R_{37},R_4,a_3,1>$	$<R_4,R_{37},a_3,-1>$
…	…	…	…	…

计算 R_2和 R_{37}分别与 R_4的比较情况，得到 $\sum_{i=1}^{n}\{Score_i\}_{R_2R_4}>0$，$\sum_{i=1}^{n}\{Score_i\}_{R_{37}R_4}>0$，满足同时优于共同比较对象的情况。计算各自的综合情感值$w_{R_2R_4}=0.99$，$w_{R_{37}R_4}=0.02$，对应的特征比较观点对数量为 26 和 18（包括正向、负向和 0 值）。通过式（5.5）获得$w_{R_2R_6}=|0.99-0.02|=0.97$，对应生成 $R_2 \leftarrow R_{37}$的有向线。

计算 R_2和 R_{37}分别与 R_4的正向负向情感值，$w^+_{R_2R_4}=1.86$，$w^+_{R_{37}R_4}=1.25$，$w^-_{R_2R_4}=0.9$，$w^-_{R_{37}R_4}=1.2$，对应的$n^+_{R_2R_4}=18$，$n^+_{R_6R_4}=8$，$n^-_{R_2R_4}=5$，$n^-_{R_{37}R_4}=8$。进一步得到$w^+_{R_2R_{37}}=0.61$（$R_2 \leftarrow R_{37}$），$w^-_{R_2R_{37}}=0.3$（$R_2 \leftarrow R_{37}$）。

以 R_4的各个特征为标准计算 R_2和 R_{37}的特征分数，得到$w^{a1}_{R_2R_4}=12.5\%$，$w^{a2}_{R_2R_4}=100\%$，无 $w^{a3}_{R_2R_4}$，$w^{a4}_{R_2R_4}=84.6\%$，$w^{a5}_{R_2R_4}=60\%$，$w^{a6}_{R_2R_4}=100\%$，$w^{a7}_{R_2R_4}=88.2\%$；$w^{a1}_{R_{37}R_4}=50\%$，$w^{a2}_{R_{37}R_4}=66.7\%$，无 $w^{a3}_{R_{37}R_4}$，$w^{a4}_{R_{37}R_4}=70\%$，$w^{a5}_{R_{37}R_4}=25\%$，$w^{a6}_{R_2R_4}=33.3\%$，$w^{a7}_{R_2R_4}=55\%$。最后将 R_4的特征数值设为 0，采用式（5.11）计算 R_2和 R_{37}在各个特征上的得分，结果用雷达图展示，上述结果见表 5.9。

表 5.9　　　　存在共同比较对象的（R_2，R_{37}）的评测分析

<table>
<tr><td rowspan="2">整体比较</td><td rowspan="2">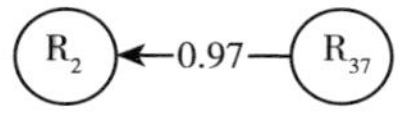
</td><td>比较结果</td><td>差距</td></tr>
<tr><td>R_2优于R_{37}</td><td>0.97</td></tr>
<tr><td rowspan="4">正向负向比较</td><td rowspan="4">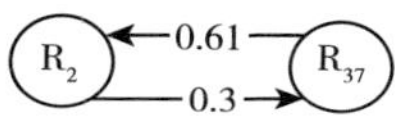
</td><td colspan="2">正向负向比较观点数量及比例</td></tr>
<tr><td colspan="2">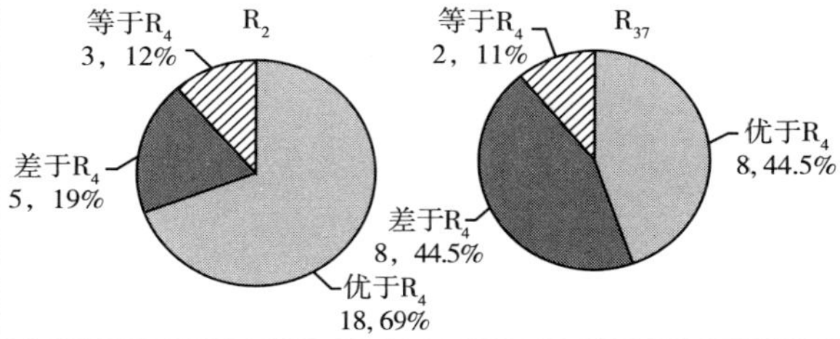
</td></tr>
<tr><td colspan="2">正向负向平均情感值比较</td></tr>
<tr><td colspan="2">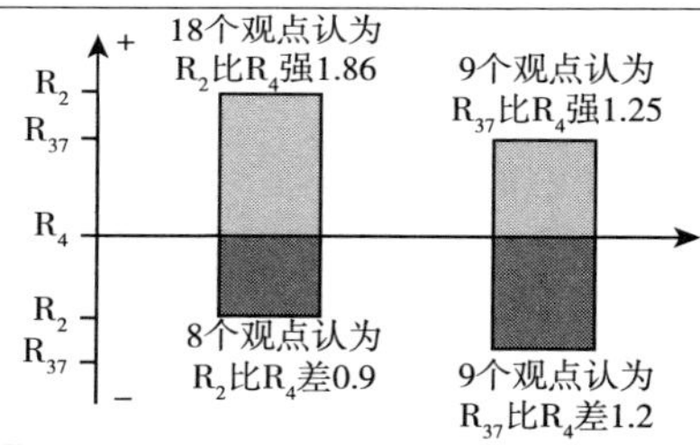
</td></tr>
<tr><td rowspan="4">特征比较</td><td rowspan="4">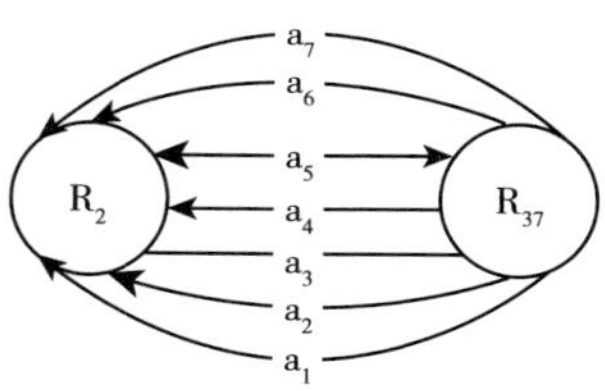
</td><td colspan="2">各个特征与 R_4 的情感比较</td></tr>
<tr><td colspan="2">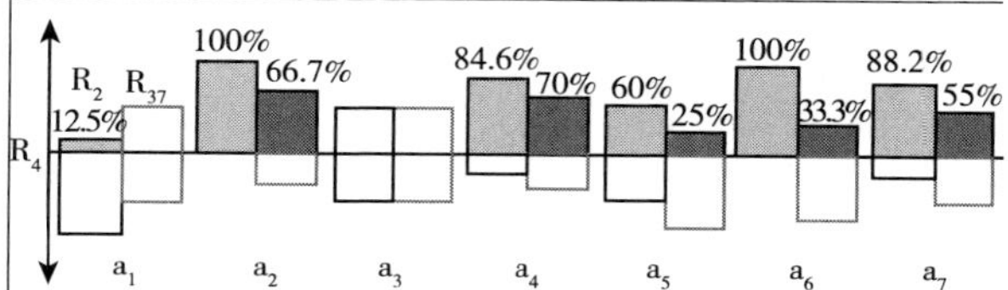
</td></tr>
<tr><td colspan="2">三者比较的雷达图展示</td></tr>
<tr><td colspan="2">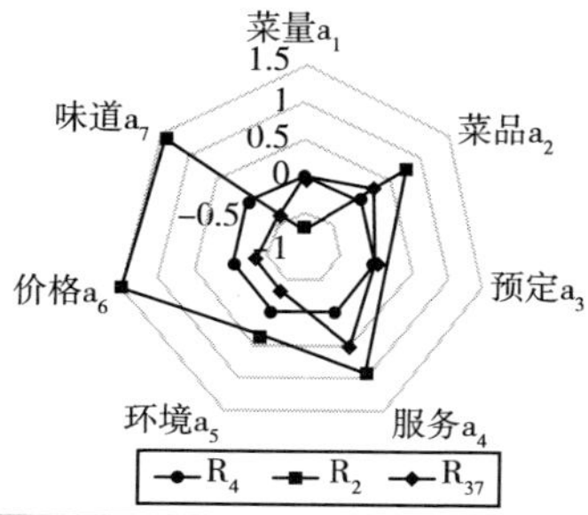
</td></tr>
</table>

5.5.3　实验三：无直接比较无共同可比对象的商品量化比较实验

通过检索 R_{42} 和 R_{49}，没有发现直接的比较观点和共同的比较对象，这时候需要针对每个评论者的评论进行分析。如评论“家门口的小店，人气旺盛，口味很不错”描述了环境（a_5）和味道（a_7）两个特征。检索该消费者以往评论中涉及特征“环境”和“味道”的特征观点，如表5.10所示。

表5.10　　评论者个人关于环境（a_5）和口味（a_7）的评论观点

味道特征	特征观点对	环境特征	特征观点对
味道还行	(a_7, 0.5)	环境好	(a_5, 1.5)
味道还好	(a_7, 0.5)	环境特好	(a_5, 2)
味道还行	(a_7, 0.5)	空调不到位	(a_5, −1.5)
味道还好	(a_7, 0.5)	环境特嗲	(a_5, 2)
味道还不错	(a_7, 0.5)	环境不错	(a_5, 1)
…	…	…	…
鱼很新鲜，卤味也不错	(a_7, 1)	环境还行	(a_5, 0.5)
情感数值平均数	0.6	环境	1

根据获得的该消费者评价的平均数值作为客观标准，将“人气旺盛”转化为 $<R_{42}, 1, a_5, 2>$。该特征比较观点对表达的是：相对于该消费者以往评价环境（a_5）标准“1”（比较客体），当前评论对 R_{42}（比较主体）关于环境的情感判断值为“2”（比较结果）；同理，对味道（a_7）的转化结果为 $<R_{49}, 0.6, a_7, 2>$。根据消费者在未使用过或未体验过商品之前的认知是一致的假设，都为“O”。将这两个特征比较观点对进一步转化为 $<R_{42}, O, a_5, 1>$ 和 $<R_{49}, O, a_7, 1.4>$。基于这样的思路，分别提取评论下所有的以“O”为比较客体的特征比较观点对，如表5.11所示。

表 5.11　　以“O”为比较客体的特征比较观点对

特征	(R_{42},O)		(R_{49},O)	
	$R_{42}>O$	$R_{42}<O$	$R_{49}>O$	$R_{49}<O$
a_1	$<R_{42},O,a_1,0.8>$, $<R_{42},O,a_1,0.56>$, $<R_{42},O,a_1,1.0>$…	$<R_{42},O,a_1,-0.2>$, $<R_{42},O,a_1,-0.52>$, $<R_{42},O,a_1,-0.5>$	$<R_{49},O,a_1,0.5>$ …	$<R_{49},O,a_1,-1.5>$ …
a_2	$<R_{42},O,a_2,0.25>$, $<R_{42},O,a_2,1.25>$	$<R_{42},O,a_2,-0.5>$, $<R_{42},O,a_2,-0.56>$	$<R_{49},O,a_2,1.5>$	$<R_{49},O,a_2,-1>$ …
a_3	$<R_{42},O,a_3,0.33>$, $<R_{42},O,a_3,0.5>$…	$<R_{42},O,a_3,-0.5>$	$<R_{49},O,a_3,1>$ …	$<R_{49},O,a_3,-0.5>$ …
…	…	…	…	…

计算 R_{42}和 R_{49}分别与共同比较对象 O 的比较情况，得到 $\sum_{i=1}^{n}\{Score_i\}_{R_{42}O}>0$，$\sum_{i=1}^{n}\{Score_i\}_{R_{37}O}>0$，满足同时优于共同比较对象的情况。计算各自的综合情感值 $w_{R_{42}O}=0.62$，$w_{R_{49}O}=0.56$，对应的特征比较观点对数量为 203 和 242（包括正向、负向和 0 值）。通过式（5.5）获得 $w_{R_2R_6}=|0.62-0.56|=0.06$，对应生成 $R_{42}\leftarrow R_{49}$的有向线。

计算 R_{42}和 R_{49}分别与 O 的正向负向情感值，$w^{+}_{R_{42}O}=1.17$，$w^{+}_{R_{49}O}=1.12$，$w^{-}_{R_{42}O}=0.5$，$w^{-}_{R_{49}O}=0.73$，对应的 $n^{+}_{R_{42}O}=127$，$n^{+}_{R_{49}O}=161$，$n^{-}_{R_{42}O}=45$，$n^{-}_{R_{49}O}=62$。进一步得到 $w^{+}_{R_{42}R_{49}}=0.05(R_{42}\leftarrow R_{49})$，$w^{-}_{R_{42}R_{49}}=0.23(R_{42}\leftarrow R_{49})$。

以 O 的各个特征为标准计算 R_{42}和 R_{49}的特征分数，得到 $w^{a1}_{R_{42}O}=100\%$，$w^{a2}_{R_{42}O}=40.5\%$，$w^{a3}_{R_{42}O}=55\%$，$w^{a4}_{R_{42}O}=45\%$，$w^{a5}_{R_{42}O}=12.5\%$，$w^{a6}_{R_{42}O}=100\%$，$w^{a7}_{R_{42}O}=74.2\%$；$w^{a1}_{R_{49}O}=40\%$，$w^{a2}_{R_{49}O}=33.3\%$，$w^{a3}_{R_{49}O}=50\%$，$w^{a4}_{R_{49}O}=53.6\%$，$w^{a5}_{R_{49}O}=40.8\%$，$w^{a6}_{R_{49}O}=92.4\%$，$w^{a7}_{R_{49}O}=75\%$。最后将 O 的特征数值设为 0，采用式（5.11）计算 R_{42}和 R_{49}在各个特征上的得分，结果用雷达图展示，上述结果见表 5.12。

表 5.12 无直接比较无共同可比对象（R_{42}，R_{49}）的评测结果

整体比较

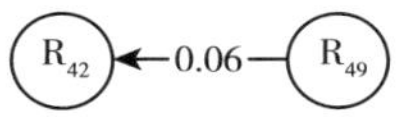

比较结果	差距
R_{42}略优于R_{49}	0.06

正向负向比较

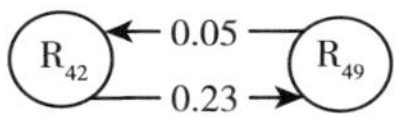

正向负向比较观点数量及比例

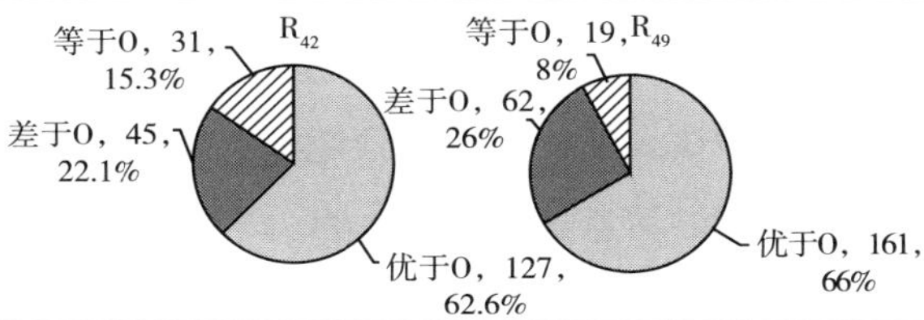

正向负向平均情感值比较

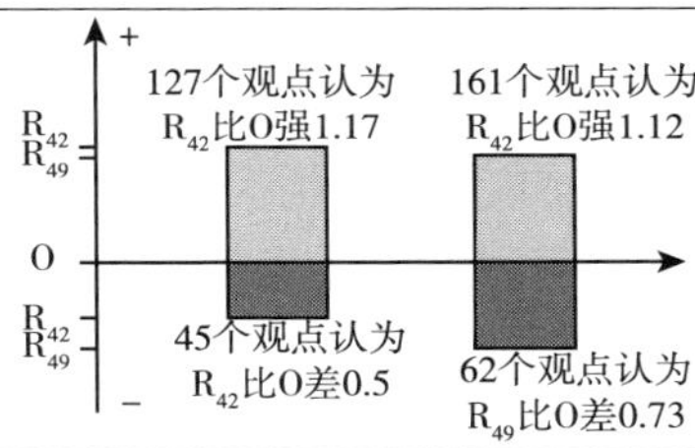

特征比较

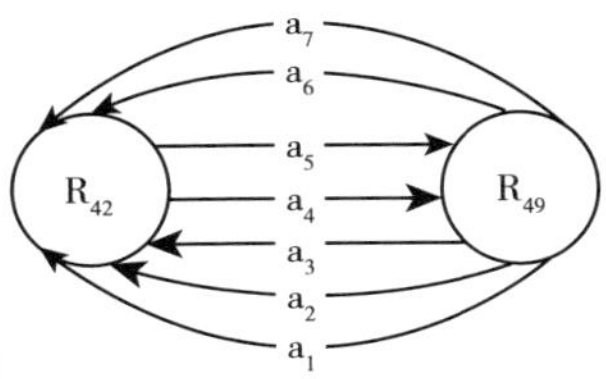

各个特征与R_4的情感比较

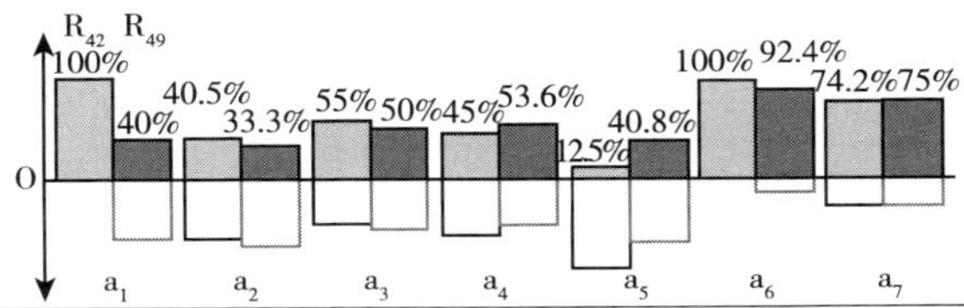

三者比较的雷达图展示

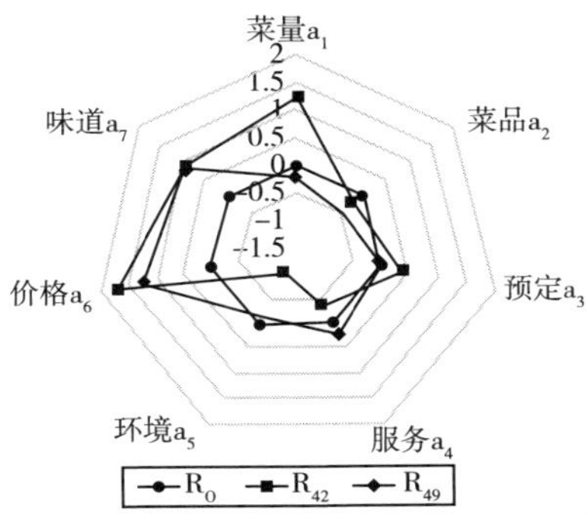

5.5.4 实验结果检验

本章为了检验上述实验结果，从大众点评网站尽可能地搜集公开数据进行内容分析。网站提供了人均价格、环境、口味、服务的打分信息，包括每个消费者提交的价格、服务打分、环境打分、味道打分、整体星级评价。本章还搜集并认真阅读了有关预定信息的评论以及有关菜量和菜品信息的评论。针对搜集到的信息进行人工内容分析，归纳出总体以及各个特征的表现情况，如表5.13所示。其中整体星级评价作为“整体比较”，正负评论比例作为“正向负向比较”。特征层面，价格、环境、服务、味道按照大众点评网站原始数据，用“评论中提及菜量较大的比例”“评论中提及菜品数量丰富的比例”“提及需要预定的比例”用作评判特征“菜量”“菜品”“预定”。

表5.13　从网站获取的餐厅信息内容分析结果

内容分析	R_2	R_3	R_{37}	R_{42}	R_{49}
整体星级评价	5	4.5	4	4	3.5
评论总数量	20800	2891	4674	187	230
正面评论比例（%）	90.1	90.1	90.1	74.9	70.0
负面评论比例（%）	1.6	2.6	4.3	8.6	9.6
中性评论比例（%）	8.3	7.4	5.6	17.5	20.4
评论中提及菜量较大的比例（%）（评判a_1）	3.5	5.5	3.0	8.0	5.7
评论中提及菜品数量丰富的比例（%）（评判a_2）	4.7	5.9	3.2	2.1	1.3
提及需要预定的比例（%）（评判a_3）	2.9	2.1	0.9	2.1	0.8
服务（a_4）	9.1	8.8	8.4	7.2	7.3
环境（a_5）	8.6	8.8	8.3	7.1	7.2
价格（a_6）	89	108	135	46	61
味道（a_7）	8.8	8.8	8.3	7.8	7.6

对于R_2和R_3，表5.13显示R_2为5星评价，优于R_3的4.5星级，与表5.7的“整体比较”结果一致；表5.13显示二者正面评论的比例都为

90.1%，R_3的负面评论比例为2.6%，高于R_2的1.6%，评论中的情感表达上R_2更好。表5.7也显示对于R_2和R_3的比较观点中，消费者情感更倾向于R_2。特征层面的比较：（1）表5.13显示了两家餐厅提及"菜量较大"信息的评论比例分别为3.5%和5.5%，R_3的比例更高，这个信息与表5.7不一致。但是由于R_2的评论总量较大，因此，含有"菜量较大"内容的评论绝对数量更多。并且，比较菜量，最好能将相同的菜进行比较，这样更有意义。（2）在"菜品"特征上，两个餐厅描述"菜品丰富"的评论比例为4.7%与5.9%，R_3较高，与表5.7消费者100%偏好R_2相一致。（3）关于特征"预定"的描述，本章搜集描述"预定较为麻烦""不容易预定"相关内容的评论文本，表5.13显示两家餐厅差别不大，R_2稍微难预定。表5.7无相关直接比较的观点，多数消费者觉得二者在这个特征上并没有明显优劣。（4）关于特征"服务"，表5.13显示R_2和R_3的分数分别为9.1和8.8，R_2较好，与表5.7中100%偏好R_2相一致。（5）关于特征"环境"，表5.13显示R_3为8.8，略高于R_2的8.6，表5.7显示R_3更好，表述一致。（6）关于特征"价格"，表5.13显示两家餐厅价格分别为89和108，R_2更经济实惠，表5.7也支持了这一点。（7）关于特征"味道"，表5.13显示二者均为8.8，表5.7显示二者较接近，但是R_2味道更好，本章认为表5.7可能更接近真实情况，消费者的味道比较是建立在相同菜的基础上的。综合来看，表5.7与表5.13是能够相互支持的。

对于R_2和R_{37}，表5.13显示R_2为5星评价，R_{37}为4星级，R_2更好，符合表5.9中的"整体比较"结果；表5.13显示二者正面评论的比例都为90.1%，R_{37}的负面评论比例为4.3%，高于R_2的1.6%，R_2情感比较更有优势。表5.9也支持了消费者情感更倾向于R_2。特征层面的比较：（1）表5.13显示了两家餐厅提及"菜量较大"信息的评论比例分别为3.5%和3.0%，R_2的比例更高，表5.9中无该特征上R_{37}与共同比较对象R_4的比较观点，不容易对比；（2）在"菜品"特征上，两个餐厅描述"菜品丰富"的评论比例分别为4.7%与3.2%，R_2较高，与表5.9中结果相一致；（3）关于特征"预定"的描述，表5.13显示两家餐厅中R_{37}更容易预定一些，表5.9中没有相关比较内容，本章认为可能是这个特征相对于其他特征并没有十分重要；（4）关于特征“服务”，表 5. 13 显示 R_2和 R_{37}的分数分别为 9. 1 和 8. 4，R_2明显更好，与表 5. 9 中结果相一致；（5）关于特征“环境”，表 5. 13 显示 R_{37}为 8. 3，低于 R_2的 8. 6，表 5. 9 显示 R_2更好，表述一致；（6）关于特征“价格”，表 5. 13 显示两家餐厅价格分别为 89 和 135，明显 R_2更便宜，表 5. 9 也充分支持了这一点；（7）关于特征“味道”，表 5. 13 显示 R_2和 R_{37}分别为 8. 8 和 8. 3，R_2味道更好，表 5. 9 也支持了这个论点。综上所述，表 5. 9 的研究结果也是较好的。

最后，探讨表 5. 12 中的 R_{42}和 R_{49}，表 5. 13 显示 R_{42}和 R_{49}的星级分别为 4 星和 3. 5 星，R_{42}较好，表 5. 12 显示 R_{42}略好一点。表 5. 13 显示二者正面评论的比例分别为 74. 9% 和 70%，负面评论比例分别为 8. 6% 和 9. 6%，R_{42}情感比较更有优势。与表 5. 12 结果吻合。特征层面的比较：（1）表 5. 13 显示了两家餐厅提及“菜量较大”信息的评论比例分别为 8. 0% 和 5. 7%，R_{42}的比例更高，表 5. 12 中显著支持了这一观点；（2）在“菜品”特征上，两个餐厅描述“菜品丰富”的评论比例为 2. 1% 与 1. 3%，R_{42}略高，表 5. 12 显示消费者的偏好分别为 40. 5% 和 33. 3%，支持了 R_{42}优于 R_{49}；（3）关于特征“预定”的描述，表 5. 13 显示两家餐厅中 R_{42}需要预定的比例更高，表 5. 12 中显示两家餐厅预定便捷性比较接近，R_{42}便捷性更好，结果有差异，但并不大；（4）关于特征“服务”，表 5. 13 显示 R_{42}和 R_{49}的分数分别为 7. 2 和 7. 3，R_{49}略高一点，表 5. 12 中显示 R_{49}较好；（5）关于特征“环境”，表 5. 13 显示 R_{49}为 7. 2，略高于 R_{42}的 7. 1，表 5. 12 中显示消费者更偏好 R_{49}；（6）关于特征“价格”，表 5. 13 显示两家餐厅价格分别为 46 和 61，明显 R_{42}性价比更高，表 5. 12 也强烈支持了这一观点；（7）关于特征“味道”，表 5. 13 显示 R_{42}和 R_{49}分别为 7. 8 和 7. 6，R_{42}味道略好一点，表 5. 12 显示两家餐厅的味道非常接近。综上，表 5. 12 的研究结果和表 5. 13 内容分析结果可以互相支持。

5. 6 理论贡献与管理启示

商品间的量化比较分析有利于全面比较两个或多个商品间的信息，辅助消费者作出最优决策。本章通过搜集商品间的对比观点，形成来自消费者使用或体验的商品“评测”信息，提供了自动化归纳商品量化比较的方法，并通过具体实例的内容分析，验证了本章的方法具有极高的可靠性。以往关于两个商品间的对比分析需要通过人工整理或者归纳方法，如对 iPhone 和三星手机的研究，或者进行测评实验，如 DXOMARK 网站提供的相机专业测评信息。这些方式限定在特定的商品上，不容易推广到其他领域，并且需要耗费较大的人力成本和经济成本。本章关注从消费者评论中获取的比较关系，这些观点是来自消费者真实的使用或体验感知，可信度高并且信息更客观。此外，可以从任意两个可比商品中提取可能的“评测”观点，社交媒体中提供了海量的文本数据，囊括了几乎所有的商品，这些文本数据中存在着大量的比较信息，为本章的数据来源提供了最大支持。

本章提出的方法应用到了餐饮服务领域，同样可以应用在电影、图书、电子商品之间的对比，甚至两个实体间的对比，如企业之间、品牌之间。本章实质上是对文本的深层内容分析，提取了文本中包含的两个实体间关系以及情感信息，研究结果具有重大价值。

但是本章所探讨的是比较简单的情况，有以下几点值得进一步探究：(1) 本章需要尽可能地搜集两个商品间的所有特征比较信息，但是仍然会遇到某个特征并不一定会有相关的比较信息，造成了一定缺失。如果需要通过特征进行商品间的全方位比较会有一定困难，目前尚未有好的解决方法。(2) 本章是针对各种理想情况作出的比较，如认为各个特征权重是一样的，评论者在未有餐饮经验前的认知是一致的。但实际研究中会有明显的差异，如在餐饮行业，味道和价格对消费者会更重要。而评论者的评论标准实际与诸多因素相关，自身的地位、工资水平、性别、受教育程度都会影响他的判断标准。后续的研究需要尽可能地判断出评论者的评判标准。

第6章　基于比较关系的竞争对手分析

6.1　市场环境中的竞争对手分析

在高度竞争的市场环境中，消费者在挑选满足某种需求的商品时通常会有很多选择，如不同的品牌，同一品牌不同的系列，同一系列不同的生产商，都有可能形成竞争关系。目标商品要想得到消费者的青睐，在竞争中脱颖而出，需要具备较高的竞争力。对于商品决策者来说，通过分析竞争对手，制定有效的竞争策略是保持高竞争力的有效途径。

在之前的研究中，竞争对手的信息主要来自新闻媒体、分析报告、问卷调查等方式。这些方式所提供的竞争对手信息是值得商榷的，这是因为：(1) 调查范围有限；(2) 注重定性分析，带有明显的主观性判断；(3) 很难进行全面的分析。因此，如何能够准确识别竞争对手，并作出全面分析是研究的难点。

随着社交媒体的兴起，越来越多的消费者愿意通过在线评论发表对商品的观点。这其中包括商品的优点和缺点、个人的购物经历、商品的描述以及专家的评测信息等。由于在线评论中包含海量的评论者观点，从中收集到的信息能够全面地对商品进行描述，消费者常常将评论者的观点作为购物指导。同时，一些研究注意到，在线评论信息不仅能帮助商品决策者获得自身商品的评价观点，还能从中获得关于竞争对手的相关信息。本章将探索一种有效的方法从在线评论中挖掘出竞争对手信息，进一步分析商品的竞争环境，从而制定有效的市场竞争策略。

中国古代军事家孙子说过：知己知彼，百战不殆。若想彻底打败对手，需要对交战双方都有充分的了解。商场如战场，任何一个商品在市场中都不会是孤立的，必然存在一个或多个竞争对手，分享市场份额，抢夺客户群体。因此，对于竞争对手的分析，是商品决策者必须要认真对待的环节。由于竞争对手信息来源的限制，多数商品决策者只能通过调查问卷、现场调研、新闻等数据进行内容分析来确定竞争对手，这样的方式受到了决策者的主观性、数据样本有限性的制约。因此，找到一种更好的方法获取竞争对手信息是十分有必要的。一些研究尝试从社交媒体数据中挖取相关信息，但是海量的评论数据形成的观点过于模糊，多数评论内容只是简单地对单一商品进行评价，并且这种评价缺乏标准，并不能体现当前商品的客观情况。

相对于这种简单的评价观点，含有比较关系的评论引起了研究者的兴趣。通过比较的形式提供的比较观点涉及两个或多个商品的对比信息，被用来作参考的商品实际上充当了一种评价标准，这种评论拥有更高的价值和可靠性。含有比较关系的评论语句是消费者在使用过商品后发表的基于自身经历的一种“评测”信息，体现了消费者的对比体验。能够进行比较的两个商品说明了这两个商品间存在着直接联系，含有一个或多个共同的特征。在这些特征上，消费者认为二者属于竞争状态。此外，有研究表明从消费者认知中获得的竞争对手信息才是真正的有效分析竞争对手的策略（Wu & Olk，2014）。消费者是商品最直接的体验者，其对不同商品发表的“评测”观点，能为决策者提供有价值的参考建议。

通过评论中的比较关系，能够将商品之间的关系联系起来，形成一个同类型商品的比较网络。对于目标商品，会有多个直接关联的对象和间接相连的对象存在于这个比较网络中，竞争对手必然包含其中。如何从网络中甄别出竞争对手是本章讨论的核心。

识别出竞争对手后，目标商品与竞争对手相比有着哪些优势与劣势，保持优势、改善劣势将是目标商品决策者制定市场策略的重要参考。本章将参考第 5 章所提出的商品量化比较方法对目标商品与竞争对手进行比对，从而提出有效的市场改善策略。

因此，基于在线评论中形成的比较关系，本章拟解决以下问题：

（1）如何通过在线评论信息有效识别出竞争对手。

（2）如何通过在线评论挖掘出市场竞争环境，分析目标商品与竞争对手的优劣，从而制定有效的市场改进策略。

6.2 基于比较关系的竞争对手分析框架

本章的研究框架如图 6.1 所示。首先，需要从在线评论中提取商品之间的比较关系，本章采用本书所爬取的数据。具体限定在某一个小型市场中，采用第 3 章的在线评论比较关系识别与抽取方法挖掘出市场中商品之间的比较信息。其次，采用第 5 章所提出的单线量化方法、双线量化方法、多线量化方法分别量化商品之间的整体比较关系、正负情感比较关系、特征比较关系。最后，通过网络分析技术，基于两两比较关系构造三种比较网络。具体来说，采用单线量化方法构造出的整体比较关系网络是考虑所有商品之间的比较情况，用于分析在小型网络中各个商品的市场位置与关联对象；采用双线量化方法构造出的正负情感比较网络是考虑各个商品的竞争力与彼此间的差异性，用于判断出哪些商品具有较高的竞争力，同时又与目标商品存在较高的相似性，有可能成为其真正的竞争对手；采用多线量化方法构造出的特征比较网络是基于商品间的特征比较关系构建的，主要用于分析目标商品与竞争对手的优劣情况，进而分析目标商品的竞争环境，帮助决策者制定有效的市场竞争策略。

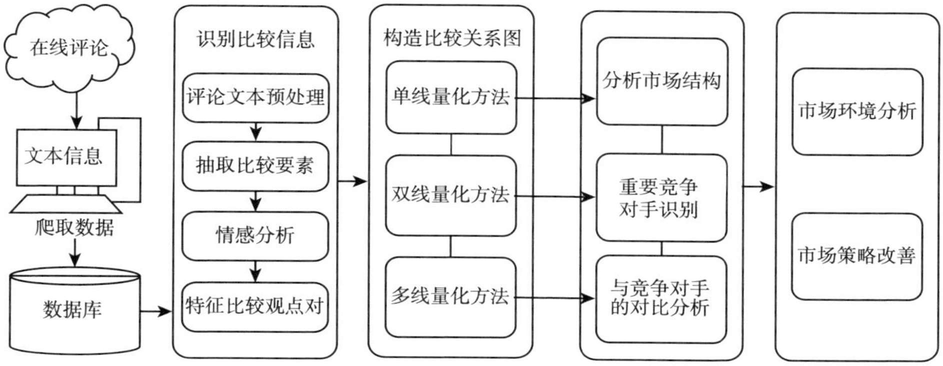

图6.1　基于比较关系的竞争对手分析框架

6.3　商品市场结构挖掘

6.3.1　商品市场网络构建

在线评论中的比较关系能够将两个可比商品连接起来，挖掘某种类型的所有商品的比较关系，能够组建该类型商品的比较网络。该网络囊括了这些商品的直接与间接联系。商品之间存在连线说明两个商品存在比较关系，没有连线说明二者不直接相关。本节构建的是整体比较网络，将网络分析的方法引入这个比较网络。网络中的节点是各个商品的名称，网络中的连线是商品之间的比较关系。商品作为网络中的节点，节点间的连线表达二者之间存在比较关系。连线的权重在本节中指两个商品整体的比较情况，权重值计算同双线量化方法的计算结果。整体比较网络能够观察到该类型所有商品的分布情况，凸显常被用于比较的商品，并根据各个商品的比较情况将该类型商品进行层次划分。

6.3.2　商品市场分析

在线评论中提取的特征比较观点对显示出商品之间的联系，通过这种联系，本节构造了商品整体比较网络。两个商品间存在比较关系，即可形成一条有向连线，连线的权重为二者的综合比较情感，并且箭头指向具有优势的一方。两两商品之间形成这样单线图形之后，通过共同的比较对象建立关系网络。这个关系网络包括所有商品间的整体比较关系。研究发现，其中的一些商品被反复用于比较，一些商品逐渐边缘化（只与一个商品存在比较关系），这个网络可以揭示网络关系中的结构。引入社会网络分析方法对当前网络进行研究，所采用的工具为 Pajek。社会网络是指社会行动者及其之间关系的集合，在比较关系网络中，行动者是商品所形成的各个节点，关系指两个商品之间的比较关系。采用社会网络分析方法能够清晰地展现网络中商品的重要性、分类以及聚类等特点。Pajek 是大型复杂网络分析工具，是目前用于研究各种复杂非线性网络的有力工具。首先采用式（6.1）分析这些商品节点的重要性，N 表示节点的数量，x_{ij}（x_{ji}）表示节点n_i和n_j间的比较关系，不存在直接比较关系则$x_{ij}=x_{ji}=0$，存在直接比较关系则$x_{ij}=x_{ji}=1$，$\sum_j x_{ji}$ 表示节点n_i存在直接比较关系的节点数量，N－1 表示与n_i存在直接关系的最大可能节点数量，$N_{n_i}^{+}$表示与节点n_i相关并且n_i在比较中占据优势的节点数量，$N_{n_i}^{-}$即为比较中$N_{n_i}^{-}$占据劣势的节点数量。

$$C_D'(n_i)=\frac{\sum_j x_{ji}}{N-1}\times\frac{N_{n_i}^{+}}{1+N_{n_i}^{-}} \tag{6.1}$$

通过社会网络分析方法还可以发现网络中所形成的类别。一些节点根据存在直接比较关系节点的数量差异将会被分到不同的类别，常被用来比较的商品在网络中处于比较重要的位置，趋向于中心；很少用于比较的商品会逐渐远离网络中心，被边缘化。通过聚类研究可以了解这个网络所形成的商品市场结构。

另外，除了计算网络中个体的中心度外，还可以计算整个网络的集中趋势，简称为中心势（Centralization）。个体中心度刻画的是个体特性不同，网络中心势刻画的是整个网络中各个节点的整体差异性程度。因此一个网络只有一个中心势。根据计算方法的不同，中心势可以分为三种：点度中心势、中间中心势和接近中心势。本节主要考虑接近中心势，接近中心势是通过距离的概念来判断整个网络的情况。接近中心势越高，表明网络中节点间的差异性越大；反之，则表明网络中节点间的差异性越小。如式（6.2）所示，其中C'_{cmax}表示所有节点中的最大接近中心度值，d（n_i，n_j）指节点n_i到n_j的最短路径。

$$C_c = \frac{\sum_{i=1}^{n}(C'_{cmax} - C'_{ci})}{(N-2)(N-1)}(2N-3) \tag{6.2}$$

其中：$C'_{ci} = [\sum_{j=1}^{n} d(n_i, n_j)]^{-1}$。

6.4　基于比较关系的目标商品竞争对手识别

6.4.1　目标商品竞争性网络构建

上一节识别出商品间的整体比较情况，描绘了市场的结构。本节选出一个目标商品进行具体分析，构建目标商品的竞争网络，寻找其竞争对手。以目标商品为中心建立与其存在直接比较关系、间接比较关系商品的局域网络，网络中节点即为各个商品名称。节点之间有Ⅰ、Ⅱ两种类型连线，分别对应目标商品与其他商品形成的正向、负向比较关系，连线的权重同第5.3.2节的计算过程。本节采用正负情感关系构建的竞争网络筛选出目标商品的真正竞争对手。首先，重点关注与其他商品存在较多比较关系，并在比较中处于优势的商品，它们往往具有较强的竞争力；其次，关注与目标商品进行直接或者间接比较，并且比较结果接近于目标商品的可比对象，说明它们与目标商品具有较强的相似性；最后，综合计算商品的竞争力与相似性信息，挖掘出对目标商品形成威胁的竞争对手。

6.4.2　目标商品竞争性可比对象分析

基于单线量化方法形成的整体比较网络，本节选取某个目标商品作为研究对象，分析其竞争环境，寻找其竞争对手。与目标商品存在直接比较关系的商品有多个，存在间接比较的对象也有多个，通过网络分析计算出最短路径，抽取出与目标商品存在直接比较关系和间接比较关系的节点。这些节点可以视为潜在的竞争对手，但是并不一定对目标商品造成显著的威胁，本节认为，对目标商品能够形成威胁，需要满足两个条件：对手具有强竞争力；对手与目标商品整体水平较为接近。太强和太弱的潜在竞争对手，都无法在短时间内缩短与目标商品的差距。因此，本节需要分析这些竞争对手，从中筛选出具有强竞争力并且当前水平与目标商品较为接近的对象。

采用第5章中的双线量化方法构建两两节点间的关系，区分两个商品之间正向和负向的特征比较观点对。计算目标商品和潜在竞争对手之间的正负情感值，通过这些情感值和情感方向了解目标商品与这些商品的差异性，本节提出了竞争力指数（Competitiveness Index）和差异指数（Dissimilarity Index）两个指标来进行评判。

竞争力指数是用于分析该商品在当前网络中整体的情感倾向性。如果消费者认为该商品拥有的直接比较数量较多，并且与对手的比较中占据着绝对优势，该商品整体的竞争力相对较高。其计算公式如式（6.3）所示，考虑到了当前节点所有相关的正负比较结果。其中，w_{ij}^+（$w_{P_1P_2}^+$）和w_{ij}^-（$w_{P_1P_2}^-$）是双线图的正负观点连线的权重，N_{ij}^+和N_{ij}^-分别表示节点n_i和n_j之间的正负特征比较观点对数量。

$$\mathrm{Comp}_{n_i} = \frac{\sum_j N_{ij}^+}{\sum_j (N_{ij}^+ + N_{ij}^-)} \sum_j (w_{ij}^+ + w_{ij}^-) \tag{6.3}$$

以表6.1中的P_1为例，分别计算出P_1与其他节点的w_{ij}^+、N_{ij}^+、w_{ij}^-、N_{ij}^-数值。其竞争力指数为$0.45 \times [(0.5+2)+(0.57+1.75)+(1+1.8)+(1.31+0.74)+\cdots] = 20.89$。

表6.1　　计算竞争力指数的例子

特征比较	w_{ij}^{+}	N_{ij}^{+}	w_{ij}^{-}	N_{ij}^{-}
（P_1，P_2）	1	9	2	11
（P_1，P_3）	0.57	14	1.75	8
（P_1，P_5）	1	5	1.8	15
（P_1，P_7）	1.31	61	0.74	27
…	…	…	…	…

计算出竞争力指数后，有的指数与目标商品接近，有的指数远远大于或小于目标商品，对于目标商品的决策者来说，更关心的是与其在各个特征表现上比较接近的可比对象，这类对手是当前最具有威胁性的对象。因此，本节通过差异指数来评价两个对象间的消费者认知差异性。其计算公式如式（6.4）所示，其中w_{ij}^{+}和w_{ij}^{-}是双线图的正负观点连线的权重，N_{ij}^{+}和N_{ij}^{-}分别表示节点n_i和n_j之间的正负特征比较观点对数量。

$$D_{ij}=1-\frac{\min\left\{\frac{N_{ij}^{+}}{N_{ij}^{+}+N_{ij}^{-}}\times w_{ij}^{+},\frac{N_{ij}^{-}}{N_{ij}^{+}+N_{ij}^{-}}\times w_{ij}^{-}\right\}}{\max\left\{\frac{N_{ij}^{+}}{N_{ij}^{+}+N_{ij}^{-}}\times w_{ij}^{+},\frac{N_{ij}^{-}}{N_{ij}^{+}+N_{ij}^{-}}\times w_{ij}^{-}\right\}} \tag{6.4}$$

以表6.1中的（P_1，P_3）为例，计算其差异指数为：

$$D_{P_1P_3}=1-\frac{\min\left\{\frac{14}{14+8}\times 0.57,\frac{8}{14+8}\times 1.75\right\}}{\max\left\{\frac{14}{14+8}\times 0.57,\frac{8}{14+8}\times 1.75\right\}}=1-0.56=0.44$$

分析强竞争对手需要联合竞争力指数和差异指数，但是因为两个指数量级并不相同，因此将两个指数的数值标准化。标准化公式见式（6.5），将两个指数结果放在同一个量级中进行比较。然后再将两者的差值作为竞争性对手的排名依据，见式（6.6）。

$$\mathrm{Norm}_{n_j} = \frac{\mathrm{Index}_{n_j} - \mathrm{mean}_A}{\mathrm{SD}_A}\ A = \{n_j \mid j = 1, 2, \cdots, i-1, i, i+1 \cdots\} \tag{6.5}$$

$$\mathrm{Competitor}_{n_i} = \{\mathrm{Comp}_{\mathrm{Norm}_{n_j}} - \mathrm{D}_{\mathrm{Norm}_{n_j}} \mid j = 1, 2, \cdots, i-1, i, i+1 \cdots\} \tag{6.6}$$

该公式表明拥有较强的竞争力、较小差异性的商品，越有可能成为目标商品的竞争对手。

6.5 基于比较关系的目标商品与竞争对手特征比较

6.5.1 目标商品特征比较网络构建

在识别出强竞争对手后，需要认真分析这些竞争对手的特征，帮助目标商品真正了解自身与竞争对手的优势与劣势。对目标商品的决策者来说，这一环节非常重要，一是能帮助决策者了解到自己商品的优势与劣势，二是能够察觉到竞争对手在哪些方面对自己构成威胁，从而及时调整策略，保持自己的优势，弥补自己的不足，进一步巩固或扩大市场地位。本章基于第 5.3.3 节的多线量化方法分别构建目标商品与竞争性商品间的特征比较网络。网络中的节点即为目标商品与各个竞争性商品，网络中的连线即为具体的特征比较关系。本章采用柱形图和雷达图等可视化方法展示这些商品间的比较情况，能够清晰地看到商品间的优势与劣势。

6.5.2 目标商品竞争环境分析

在识别出强竞争对手后，将目标商品与这些竞争性对手在特征上进行具体比较，了解与竞争对手相比自身的优势与劣势。主要方法参照第 5 章的量化比较方法，首先，将目标商品与竞争性对手两两比较，并用柱形图进行展示。其次，将所有商品放在一起比较，将目标商品作为基准，各特征数值得分为 0，其他商品与目标商品的特征比较值作为这些商品的具体特征得分，如式（6.7）所示，可视化结果通过雷达图进行显示。最后，通过特征层面的比较，帮助决策者了解目标商品的竞争环境，自身与竞争对手的优势、劣势，为进一步市场改进策略提供指导和建议。为了便于理解上述分析过程，在下节中将采用具体的数据进行介绍。

$$V_{P_1P_2}^{a} = \frac{\sum_{i_a^+=1}^{n_a^+} \{Score_{i_a^+}\}_{P_1P_2} + \sum_{i_a^-=1}^{n_a^-} \{Score_{i_a^-}\}_{P_1P_2}}{n_a^+ + n_a^-} \tag{6.7}$$

6.6　本章实验与分析

6.6.1　餐饮市场竞争对手识别实验

选取餐饮数据库中上海市杨浦区 50 家提供川菜的饭店，将评论内容进行了初步筛选和预处理，最终获得有效评论文本 35872 个。通过第 3 章的在线评论比较关系识别与抽取方法从这些评论文本中获得所有的特征比较观点对，如表 6.2 所示，餐厅名字统一用 R_1，R_2，R_3……进行表示。

表 6.2　从 50 家餐厅评论中提取到的特征比较观点对

餐厅	特征比较观点对		
R_1	$<R_1, R_2, a_6, 3>$	$<R_1, R_2, a_4, 1>$	…
R_2	$<R_2, R_1, a_7, -3>$	$<R_2, R_1, a_6, -2>$	…
R_3	$<R_3, R_{17}, a_5, 2>$	$<R_3, R_{10}, a_1, -1>$	…
R_4	$<R_4, R_{29}, a_2, -4>$	$<R_4, R_8, a_4, 0>$	…
…	…	…	…

通过单线图构建各餐厅间的关系网络图，如图 6.2 所示。各个节点即表示餐厅。节点间的有向线表示节点之间存在比较关系，并且箭头指向具有优势的餐厅。首先采用式（6.2）计算了整个网络的接近中心势，为 0.26，说明整个网络结构还是比较分散的，没有形成个别餐厅占据绝对优势的情况。然后通过式（6.1）计算各个节点的重要程度，如表 6.3 所示。在这些节点中，R_2具有最高的重要度，说明 R_2常被用于与其他餐厅进行比较，并且多数

是偏向正向的比较情况。这 50 个节点形成了一个小型的市场结构。

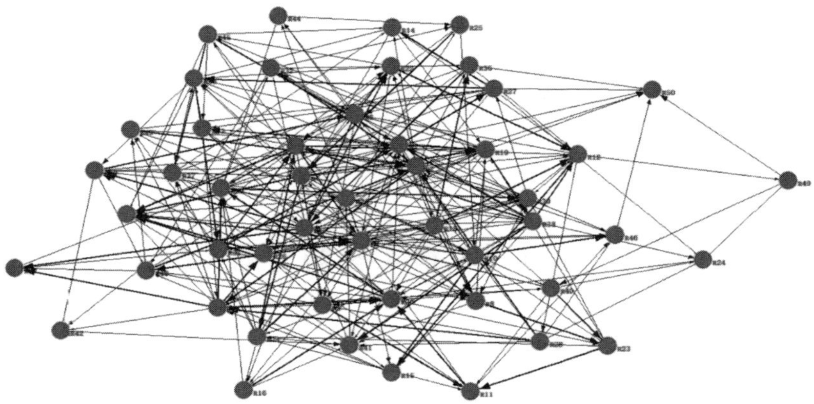

图 6.2　50 家餐厅形成的 Single－line 关系网络

表 6.3　　网络节点重要度

节点	节点重要度
R_1	0.40
R_2	0.50
R_3	0.41
R_4	0.36
R_5	0.34
R_6	0.32
…	…

采用 Pajek 处理这个小型网络，根据节点间的链接关系将所有节点划分为 6 个类别，如表 6.4 所示。类别 1 只包括一个节点 R_2，在整个网络中处于最靠近中心的位置，重要程度高。类别 2 包括 3 个节点，代表节点为 R_1，节点的重要程度高。类别 3 包括 11 个节点，代表节点为 R_4，总体也靠近网络中心。按照不同的类别划分，逐渐远离网络中心，重要程度也依次降低。通过网络中的重要程度聚类，可以判断出基于消费者认知的各个餐厅在这个小型市场中所处的地位。本章选取 R_2 作为目标餐厅，对其竞争环境进行细致分析。

表 6.4　网络中节点的聚类情况

类别	节点数量	代表性节点	重要程度
1	1	R_2	高
2	3	R_1	高
3	11	R_4	高
4	17	R_5	中等
5	16	R_{11}	低
6	2	R_{42}	低

通过 Pajek 抽取出关于 R_2 的局部网络，删除了原网络中与 R_2 存在关系的边缘节点。该局部网络包括与 R_2 最短路径不超过 2 的较重要节点，即与 R_2 存在直接比较关系和间接比较关系的重要节点。图 6.3 显示了这些节点，图 6.4 展示了节点间的距离。其中，测地距离（Geodesic Distance）=1 表示与 R_2 存在直接比较关系的节点，测地距离 =2 表示与 R_2 存在间接比较关系的节点。很明显，R_2 的这个局部网络可以分为三类，如表 6.5 所示。第一类就是 R_2 自己。第二类是直接比较关系的节点，包括 R_3、R_4、R_9 等 9 个节点。第三类是间接比较关系的节点，包括 R_6、R_7、R_{17}、R_{20}、R_{29}。

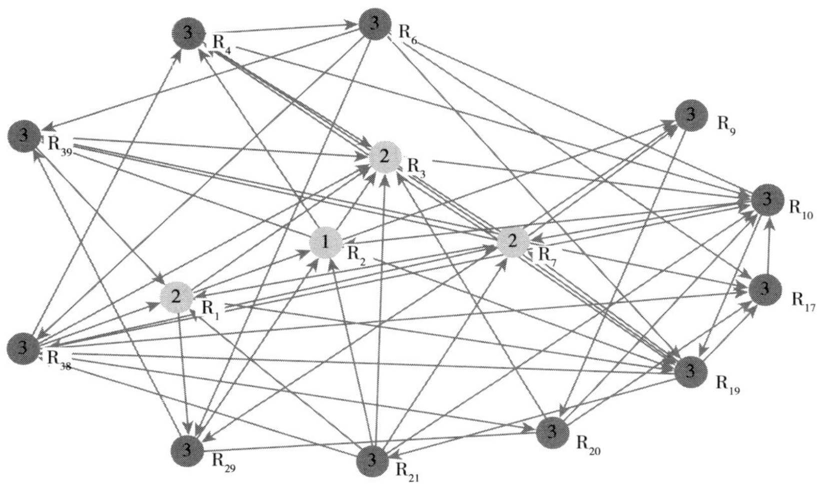

图 6.3　餐厅 R_2 的局部网络

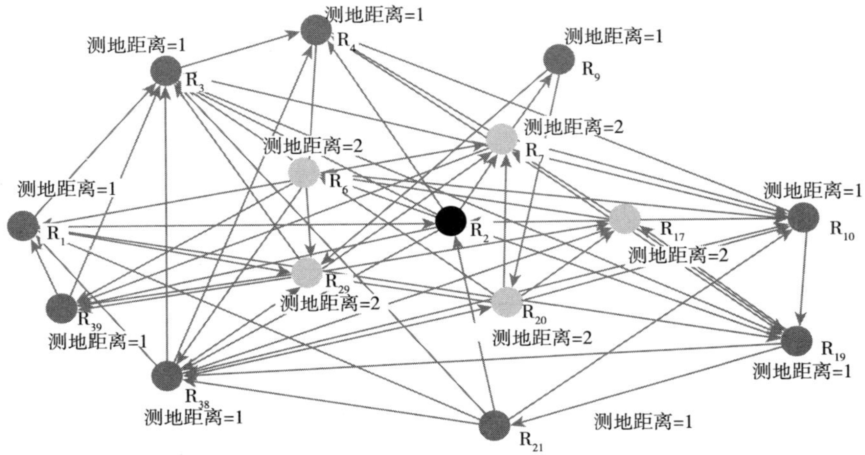

图 6.4　局部网络的类别划分

表 6.5　局部网络类别信息

聚类	数量	代表节点	最短路径
1	1	R_2	0
2	9	R_1	1
3	5	R_6	2

首先计算两两节点间的w_{ij}^+、N_{ij}^+、w_{ij}^-、N_{ij}^-数值，结果如表 6.6 所示。结合竞争力指数计算公式，进一步获得这些节点的竞争力指数，如表 6.7 所示，并用式（6.5）获得标准化数值。由此可以发现，部分节点的竞争力指数比较接近目标节点，如 R_3、R_7、R_{19}等，另外一些差距比较大，如节点 R_6等。

表 6.6　节点两两比较的正负情感值

节点	比较	w_{pos}	N_{pos}	w_{neg}	N_{neg}
R_1	(R_1, R_2)	0.5	9	2	11
	(R_1, R_3)	0.57	14	1.75	8
	…	…	…	…	…
R_2	(R_2, R_1)	2	11	0.5	9
	(R_2, R_4)	0.5	1	1.33	9
	…	…	…	…	…

续表

节点	比较	w_{pos}	N_{pos}	w_{neg}	N_{neg}
R_3	(R_3，R_1) (R_3，R_2) …	1.75 1.5 …	8 8 …	0.57 1 …	14 2 …
R_4	(R_4，R_2) (R_4，R_3) …	1.33 0.7 …	9 5 …	0.5 0.5 …	1 1 …
R_6	(R_6，R_4) (R_6，R_5) …	0.8 0.6 …	15 5 …	0.55 1.65 …	10 20 …
R_7	(R_7，R_1) (R_7，R_4) …	0.74 0.58 …	27 18 …	1.31 1.2 …	61 23 …
R_9	(R_9，R_2) (R_9，R_7) …	1.32 2.37 …	19 15 …	1 0.75 …	10 8 …
R_{10}	(R_{10}，R_2) (R_{10}，R_3) …	0.5 1.5 …	13 8 …	1.2 1 …	19 9 …
R_{17}	(R_{17}，R_6) (R_{17}，R_8) …	0.63 0.67 …	8 3 …	2 1.81 …	1 8 …
R_{19}	(R_{19}，R_2) (R_{19}，R_3) …	0.71 2 …	7 15 …	0.86 0.67 …	14 6 …
R_{20}	(R_{20}，R_3) (R_{20}，R_5) …	0.75 0.6 …	2 5 …	1.15 2 …	13 6 …
…	…	…	…	…	…

表 6.7　　竞争力指数及标准化数值

节点	竞争力指数	标准化数值
R_2	27.12	1.67
R_1	20.89	0.03
R_3	23.25	0.65
R_4	20.13	-0.17
R_6	18.11	-0.70
R_7	27.33	1.73
R_9	20.67	-0.03
R_{10}	22.23	0.38
R_{17}	19.89	-0.23
R_{19}	26.11	1.40
R_{20}	15.65	-1.35
R_{21}	17.19	-0.95
R_{29}	19.48	-0.34
R_{38}	17.08	-0.98
R_{39}	16.50	-1.13

然后计算差异指数，结果如表 6.8 所示。基于消费者的观点，找到与目标餐厅比较接近的节点。R_{20}、R_6在消费者评价中是比较接近 R_2各个特征上的评价的。同样将差异指数数值标准化，用竞争力指数与差异指数标准值之差作为评判竞争对手的标准，竞争力强，同时消费者认为与目标餐厅比较接近的对象为强竞争对手。采用式（6.6）计算的最终结果如表 6.9 所示，并根据差值数值大小进行排序，取前 4 名 R_7、R_{19}、R_6、R_{20}为目标商品的强竞争对手，并进行下一步分析。

表 6.8　　差异指数及标准化数值

比较	差异指数	标准化数值
(R_2, R_1)	0.59	−0.13
(R_2, R_3)	0.65	0.14
(R_2, R_4)	0.96	1.50
(R_2, R_6)	0.25	−1.62
(R_2, R_7)	0.45	−0.74
(R_2, R_9)	0.60	−0.08
(R_2, R_{10})	0.71	0.40
(R_2, R_{17})	0.65	0.14
(R_2, R_{19})	0.58	−0.17
(R_2, R_{20})	0.15	−2.06
(R_2, R_{21})	0.59	−0.13
(R_2, R_{29})	0.76	0.62
(R_2, R_{38})	0.97	1.54
(R_2, R_{39})	0.75	0.58

表 6.9　　与 R_2 的强竞争性餐厅排名

节点	竞争力指数标准化数值	差异化指数标准化数值	差值	排名
R_1	0.03	−0.13	0.16	6
R_3	0.65	0.14	0.51	5
R_4	−0.17	1.50	−1.67	11
R_6	−0.70	−1.62	0.92	3
R_7	1.73	−0.74	2.47	1
R_9	−0.03	−0.08	0.05	7

续表

节点	竞争力指数标准化数值	差异化指数标准化数值	差值	排名
R_{10}	0.38	0.40	-0.02	8
R_{17}	-0.23	0.14	-0.37	9
R_{19}	1.40	-0.17	1.57	2
R_{20}	-1.35	-2.06	0.71	4
R_{21}	-0.95	-0.13	-0.82	9
R_{29}	-0.34	0.62	-0.96	10
R_{38}	-0.98	1.54	-2.52	13
R_{39}	-1.13	0.58	-1.71	12

6.6.2 目标餐厅与竞争对手比较分析

本小节将 R_2 与强竞争对手进行比较，从而了解其在小型市场中的竞争环境，与竞争对手相比自身的优点与缺点，哪些方面亟须改进，从而帮助目标餐厅制定有效的市场改进策略。通过第 4 章特征比较公式进行目标餐厅与强竞争对手在各个特征上的比较，结果通过柱状图 6.5 展示。灰色表示消费者比较偏好的一方，数值表示消费者偏好比例，也可以理解为消费者群体中偏好该餐厅的比例。如在 R_2 和 R_7 的比较中，消费者如果更强调味道特征的话，R_7 明显会更好，在菜品种类和环境比较中，R_7 也占据绝对优势。比较 R_2 和 R_{19}，如果更关心特征菜量、服务和味道，无疑 R_2 是更好的选择，但是 R_{19} 在价格上更受消费者欢迎，说明菜品的价格普遍比较实惠。比较 R_2 和 R_6，在菜量、环境和味道特征上，R_6 较为出色，不过差距不大。与 R_{20} 相比，R_2 在菜量、预定、服务和价格特征上表现出色，但在菜品、环境和味道特征上，消费者更喜欢 R_{20}。从图 6.5 可以发现目标餐厅与各个竞争对手之间的具体比较分析结果，在各个特征上具有的优势和劣势。

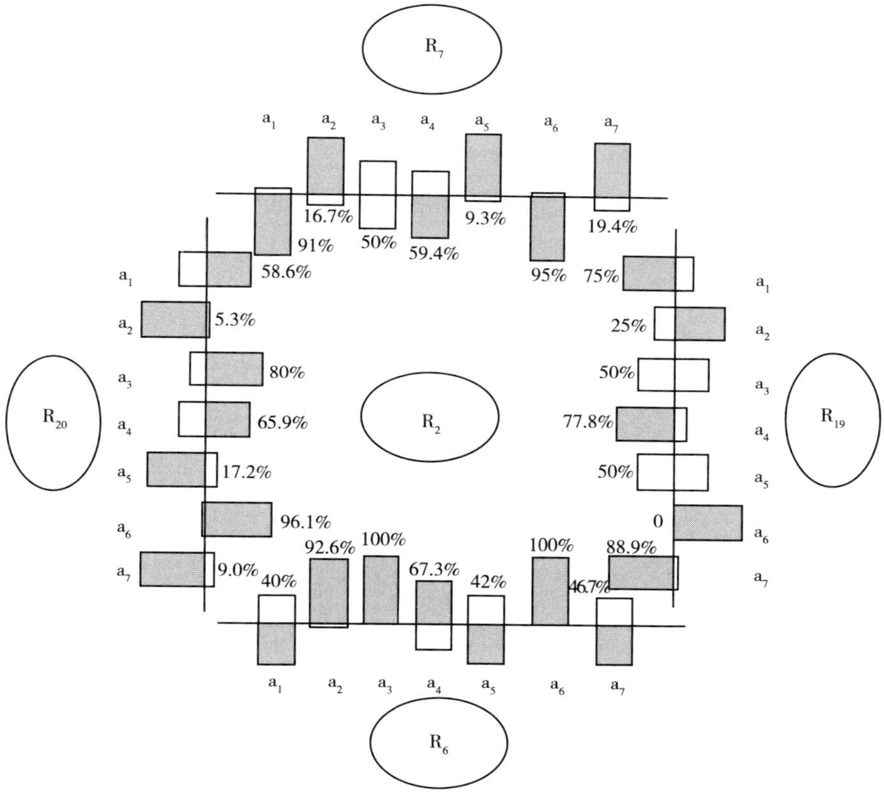

图 6.5　两两特征比较结果

对目标餐厅所处竞争环境的分析要同时考虑这些竞争对手，本章选用雷达图同时展示多餐厅多维度的比较特征。将目标餐厅各个特征上的得分设置为 0，其他餐厅各个特征上的得分采用式（6.7）获得，最后结果如图 6.6 所示。雷达图能够展示出多个餐厅多个维度的比较信息，帮助目标餐厅了解市场中存在的威胁。从图 6.6 中可以看到，R_2 的服务特征表现最好，得到消费者的最高评价。在预定特征上，R_2 与 R_7 持平，表现也是最好。R_{20} 在菜品和味道这两个特征上具有绝对优势，R_{19} 在价格特征上深受消费者青睐。R_7 和 R_{20} 在菜品、味道和环境上对 R_2 造成了威胁，会造成关注这些特征的消费者在一定程度上的流失。因此，对于 R_2，首先可以做到的是改善餐厅环境，提供干净整洁的餐饮环境，可以通过 R_7 和 R_{20} 的实地调研，发现在环境上的具体不足之处。然后可以通过改善饭菜味道，引进一些新式的菜品吸引更多的客户流。对于菜量、价格这两个特征，R_2 比 R_6 和 R_{19} 表现要好，可以暂时保持现状，慢慢进行完善。最后关于预定这一特征的表现，这几个餐厅的表现并没有很大差异，不需要过多地进行调整。

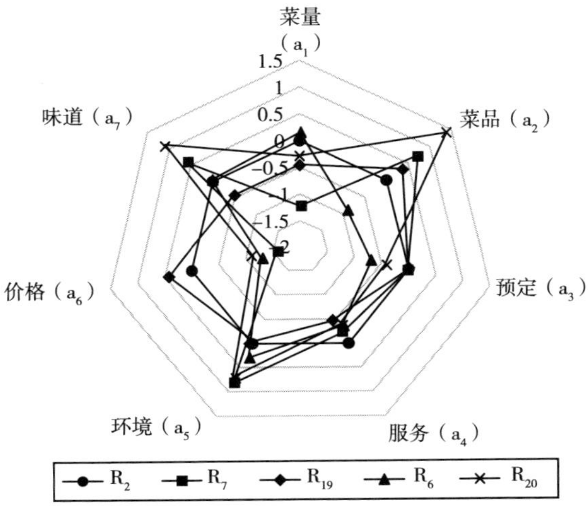

图 6.6　目标餐厅的竞争环境展示

综上，在图 6.6 这个小型市场中，尽管 R_2 的综合比较占优，但是在个别特征上尚处于劣势，如果希望继续保持目前在市场中的关键地位，需要制定有效的策略完善这些特征。竞争对手中，R_7 表现了很强的竞争态势，对 R_2 造成威胁。R_{20} 尽管整体竞争力目前并不强，但是在菜品和味道特征上具有优势，不容小觑。

6.6.3　实验结果检验

为了验证所提出方法的有效性，本章通过网络搜集和实地调查整理了这些餐厅的信息。大众点评网站提供了一些可以用于分析的数据，包括每个消费者提交的价格打分、服务打分、环境打分、味道打分、整体星级评价。此外，本章还搜集了有关预定信息的评论以及五星评价的比例等内容。关于菜量，选取了两道典型的川菜“毛血旺”和“干锅牛蛙”进行比对，这两道菜在5家餐厅的定价也比较接近。关于菜品，则是根据菜单上所展示的饭菜数量进行比对。上述过程主要是进行内容分析，结果如表6.10所示。

表6.10 从网站获取的餐厅信息内容分析结果

比较特征	R_2	R_6	R_7	R_{19}	R_{20}
五星评价比例（%）	54.9	48.6	53.8	43.3	56.8
菜量（a_1）	量大	量大	量小	量小	量小
菜品（a_2）	较少	较少	多	多	多
预定（a_3）	较困难	困难	容易	容易	困难
服务（a_4）	9.1	8.3	8.9	8.1	9.0
环境（a_5）	8.6	8.5	8.9	8.7	8.9
价格（a_6）	89	90	105	70	92
味道（a_7）	8.8	8.4	8.9	7.9	9.0

首先，这5家餐厅处于同一个商业中心内，并且市场地位和客户层次相同，都属于面向普通民众的大型餐厅。在50家餐厅中，这5家餐厅的五星评价的比例大于地区平均值42%，均属于该地区表现较好、受到消费者欢迎的餐厅。可以认为，R_6、R_7、R_{19}、R_{20}与R_2形成竞争关系。

其次，将表6.10中的数据进行比对，R_2和R_6在这两道菜上的量（a_1）要多于R_7、R_{19}、R_{20}，但是菜品的种类（a_2）却相对较少。这与图6.6的结果相一致。表6.10中显示R_6和R_{20}比较难预定，也符合图6.6的结果。同时，表6.10和图6.6中都显示了R_2的服务特征（a_4）是最好的，而R_{19}是最差的，价格特征（a_6）在5家餐厅中的排序是相似的，表6.10中为$R_7>R_{20}>R_6>R_2>R_{19}$，图6.6中为$R_7>R_6>R_{20}>R_2>R_{19}$。另外，在味道特征（$a_7$）上，$R_2$的表现比$R_7$和$R_{20}$差，图6.6和表6.10也是一致的。

最后，表6.10中显示R_2的环境特征（a_5）不如R_7、R_{19}、R_{20}，但比R_6好，而图6.6中展示R_2的环境表现是最差的，与R_{19}持平。综上所述，采用评论中比较关系获取的研究结果，基本与内容分析结果相一致，本章的方法得到很好的验证。

值得注意的是，通过网站和实地调查获取的竞争对手信息未必符合实际情况。并且，这些资源很难通过公共数据获取。现实中进行市场环境分析不仅需要借助复杂的调查研究，而且需要针对性地进行一一比对。本章通过分析消费者分享的评论内容，提供了一种依托消费者观点进行市场环境分析的方法，并且具备一定的客观性。

6.7 理论贡献与管理启示

任何商品，包括餐饮服务，了解竞争对手和市场竞争环境都是极其有必要的。但是如何获取竞争对手，以及了解与竞争对手的差别，以往的研究多关注定性分析或者通过调查问卷获取。这种分析方法比较烦琐，且收集到的信息有限。本章通过在线评论中的消费者比较观点挖掘商品间的竞争关系，基于挖掘出的特征比较观点对，通过三种图形建立两个商品之间的联系。然后构建商品之间的关系网络，结合社会网络分析方法、竞争力指数和差异指数识别出与商品存在强竞争关系的比较对象。最后通过特征层面的对比分析，为目标商品提供有效的市场改进策略。

本章将所提出的方法应用到了餐饮服务领域，并且结果被证实具有可靠性和可信度。比较观点广泛存在于各个商品的评论中，特别是搜索型商品。通过挖掘社交媒体中的消费者比较观点，能够探究市场中的结构、商品间的联系，以及目标商品所处的竞争环境。

本章所探讨的是比较简单的情况，有以下几点值得深究：（1）所选取的7个特征在本章中具有相同的权重，但实际中各个特征的权重是不一样的，对餐饮服务行业来说，味道所占的比重应该更大。因此，有必要将特征的权重考虑进来。（2）本章分析的市场环境是基于消费者的认知进行的，没有考虑太多的限制条件。在实际市场分析中，需要将更多的条件考虑进来，会使本章的分析结果更接近客观情况。

参 考 文 献

[1] 白林楠，胡韧奋，刘智颖．基于句法语义规则系统的比较句自动识别［J］．北京大学学报（自然科学版），2015（2）：275－281.

[2] 陈柏宏．以社会比较理论探讨情感对线上社交购物导向之影响［D］．台北：台北科技大学，2012.

[3] 陈忆华．从社会比较理论分析购买价格价差对欺骗线上口碑的影响［D］．台北：台北科技大学，2008.

[4] 郝媛媛，邹鹏，李一军，叶强．基于电影面板数据的在线评论情感倾向对销售收入影响的实证研究［J］．管理评论，2009，21（10）：95－103.

[5] 何烁．面向电子产品评论的比较关系挖掘［D］．保定：河北大学，2012.

[6] 黄高辉，姚天昉，刘全升．基于 CRF 算法的汉语比较句识别和关系抽取［J］．计算机应用研究，2010，27（6）：2061－2064.

[7] 黄小江．面向比较语义的互联网文本挖掘关键问题研究［D］．北京：北京大学，2012.

[8] 李宗伟，张艳辉，栾东庆．哪些因素影响消费者的在线购买决策？——顾客感知价值的驱动作用［J］．管理评论，2017，29（8）：136－146.

[9] 彭浩，等．基于比较句的网络用户评论情感分析［J］．现代图书情报技术，2015，31（12）：48－56.

[10] 史伟，徐健，肖卓．基于语义的中文在线评论情感分析［J］．情报学报，2013，32（8）：860－867.

[11] 宋锐，林鸿飞，常富洋．中文比较句识别及比较关系抽取［J］．中文信息学报，2009，23（2）：102－107.

[12] 唐晓波，郭萍．基于语义文本挖掘的企业竞争对手分析模型研究［J］．情报学报，2013，32（1）：28－36.

[13] 王洪伟，蒋文瑛，高松，华瑾．面向竞争力分析的中文在线评论的比较观点识别：以餐饮业为例［J］．情报学报，2016，34（12）：1259－1264.

[14] 殷国鹏．消费者认为怎样的在线评论更有用？——社会性因素的影响效应［J］．管理世界，2012（12）：115－124.

[15] 张辰，冯冲，刘全超，师超，黄河燕，周海云．基于多特征融合的中文比较句识别算法［J］．中文信息学报，2013，27（6）：110－117.

[16] 张梦，杨颖，叶作亮．酒店网络评论内容特征对消费者购买意愿的影响——基于时间距离和社会距离情景的实验研究［J］．旅游学刊，2012（11）：97－104.

[17] Allen, V. L., & Wilder, D. A. Social comparison self-evaluation and conformity to the group [J]. *Popline*, 1977: 187－208.

[18] Amadio, W. J., & Procaccino, J. D. Competitive analysis of online reviews using exploratory text mining [J]. *Tourism and Hospitality Management*, 2016, 22 (2): 193－210.

[19] Archak, N., Ghose, A., & Ipeirotis, P. G. Deriving the pricing power of product features by mining consumer reviews [J]. *Management Science*, 2011, 57 (8): 1485－1509.

[20] Argo, J. J., White, K., & Dahl, D. W. Social comparison theory and deception in the interpersonal exchange of consumption information [J]. *Journal of Consumer Research*, 2006, 33 (1): 99－108.

[21] Baccianella, S., Esuli, A., & Sebastiani, F. SentiWordNet 3.0: An Enhanced Lexical Resource for Sentiment Analysis and Opinion Mining [C]. In Proceedings of LREC, 2010, 10: 2200－2204.

[22] Baek, H., Ahn, J., & Choi, Y. Helpfulness of online consumer reviews: Readers' objectives and review cues [J]. *International Journal of Electronic Commerce*, 2012, 17 (2): 99 - 126.

[23] Balahur, A., Mihalcea, R., & Montoyo, A. Computational approaches to subjectivity and sentiment analysis: Present and envisaged methods and applications [J]. *Computer Speech & Language*, 2014, 28 (1): 1 - 6.

[24] Basuroy, S., Chatterjee, S., & Ravid, S. A. How critical are critical reviews? The box office effects of film critics, star power, and budgets [J]. *Journal of Marketing*, 2003, 67 (4): 103 - 117.

[25] Berger, J., Sorensen, A. T., & Rasmussen, S. J. Positive effects of negative publicity: When negative reviews increase sales [J]. *Marketing Science*, 2010, 29 (5): 815 - 827.

[26] Blal, I., & Sturman, M. C. The differential effects of the quality and quantity of online reviews on hotel room sales [J]. *Cornell Hospitality Quarterly*, 2014, 55 (4): 365 - 375.

[27] Bollen, J., Mao, H., & Zeng, X. Twitter mood predicts the stock market [J]. *Journal of Computational Science*, 2011, 2 (1): 1 - 8.

[28] Buunk, A. P., & Gibbons, F. X. Social comparison: The end of a theory and the emergence of a field [J]. *Organizational Behavior and Human Decision Processes*, 2007, 102 (1): 3 - 21.

[29] Buunk, B. P., Collins, R. L., Taylor, S. E., VanYperen, N. W., & Dakof, G. A. The affective consequences of social comparison: Either direction has its ups and downs [J]. *Journal of Personality and Social Psychology*, 1990, 59 (6): 1238 - 1249.

[30] Cai, C. J., & Raju, J. S. Keeping your enemies closer: When market entry as an alliance with your competitor makes sense [J]. *Marketing Science*, 2016, 35 (5), 743 - 755.

[31] Cambria, E. Affective computing and sentiment analysis [J]. *IEEE Intelligent Systems*, 2016, 31 (2): 102-107.

[32] Cambria, E., Poria, S., Bajpai, R., & Schuller, B. W. SenticNet 4: A Semantic Resource for Sentiment Analysis Based on Conceptual Primitives [C]. In Proceedings of the 26th International Conference on Computational Linguistics (COLING), 2016: 2666-2677.

[33] Cambria, E., Schuller, B., Xia, Y., & Havasi, C. New avenues in opinion mining and sentiment analysis [J]. *IEEE Intelligent Systems*, 2013, 28 (2): 15-21.

[34] Chang, C. C., & Chou, Y. J. Goal orientation and comparative valence in persuasion [J]. *Journal of Advertising*, 2008, 37 (1): 73-87.

[35] Cheng, C. C., Chen, C. T., Hsu, F. S., & Hu, H. Y. Enhancing service quality improvement strategies of fine-dining restaurants: New insights from integrating a two-phase decision-making model of IPGA and DEMATEL analysis [J]. *International Journal of Hospitality Management*, 2012, 31 (4): 1155-1166.

[36] Chen, K., Luo, P., & Wang, H. An influence framework on product word-of-mouth (WoM) measurement [J]. *Information & Management*, 2017, 54 (2): 228-240.

[37] Chen, K., Luo, P., Xu, D., & Wang, H. The dynamic predictive power of company comparative networks for stock sector performance [J]. *Information & Management*, 2016, 53 (8): 1006-1019.

[38] Chen, M. J. Competitor analysis and interfirm rivalry: Toward a theoretical integration [J]. *Academy of Management Review*, 1996, 21 (1): 100-134.

[39] Chen, P. Y., Wu, S. Y., & Yoon, J. The Impact of Online Recommendations and Consumer Feedback on Sales [C]. In Proceedings of ICIS, 2004: 58.

[40] Chen, Z., Huang, Y., Tian, J., Liu, X., Fu, K., & Huang,

T. Joint model for subsentence-level sentiment analysis with Markov logic [J]. *Journal of the Association for Information Science and Technology*, 2015, 66 (9): 1913 – 1922.

[41] Cheung, C. M., Lee, M. K., & Rabjohn, N. The impact of electronic word-of-mouth: The adoption of online opinions in online customer communities [J]. *Internet Research*, 2008, 18 (3): 229 – 247.

[42] Chevalier, J. A., & Mayzlin, D. The effect of word of mouth on sales: Online book reviews [J]. *Journal of Marketing Research*, 2006, 43 (3): 345 – 354.

[43] Choi, S., Mattila, A. S., Van Hoof, H. B., & Quadri-Felitti, D. The role of power and incentives in inducing fake reviews in the tourism industry [J]. *Journal of Travel Research*, 2016 (1): 1 – 13.

[44] Choi, Y., Cardie, C. Learning with Compositional Semantics as Structural Inference for Subsentential Sentiment Analysis [C]. In Proceedings of the Conference on Empirical Methods in Natural Language Processing, ACL, 2008: 793 – 801.

[45] Chu, S. C., & Kim, Y. Determinants of consumer engagement in electronic word-of-mouth (eWOM) in social networking sites [J]. *International Journal of Advertising*, 2011, 30 (1): 47 – 75.

[46] Clark, B. H., & Montgomery, D. B. Managerial identification of competitors [J]. *The Journal of Marketing*, 1999, 63 (3): 67 – 83.

[47] Cui, G., Lui, H. K., & Guo, X. The effect of online consumer reviews on new product sales [J]. *International Journal of Electronic Commerce*, 2012, 17 (1): 39 – 58.

[48] Della Bitta, A. J., Monroe, K. B., & McGinnis, J. M. Consumer perceptions of comparative price advertisements [J]. *Journal of Marketing Research*, 1981, 18 (4): 416 – 427.

[49] Dellarocas, C., Zhang, X. M., & Awad, N. F. Exploring the value of online product reviews in forecasting sales: The case of motion pictures [J]. *Journal of Interactive Marketing*, 2007, 21 (4): 23 – 45.

[50] Deng, L., Wiebe, J. MPQA 3.0: An Entity/Event-Level Sentiment Corpus [C]. In Proceedings of HLT-NAACL, 2015: 1323 – 1328.

[51] Deng, Z. H., Yu, H., & Yang, Y. Identifying Sentiment Words Using an Optimization Model with L1 Regularization [C]. In Proceedings of the Thirtieth AAAI Conference on Artificial Intelligence, AAAI, 2016: 115 – 121.

[52] Dillard, A. J., Ubel, P. A., Smith, D. M., et al. The distinct role of comparative risk perceptions in a breast cancer prevention program [J]. *Annals of Behavioral Medicine*, 2011, 42 (2): 262 – 268.

[53] Duan, W., Gu, B., & Whinston, A. B. Do online reviews matter? —An empirical investigation of panel data [J]. *Decision Support Systems*, 2008, 45 (4): 1007 – 1016.

[54] Du, W., Tan, S., Cheng, X., & Yun, X. Adapting Information Bottleneck Method for Automatic Construction of Domain-oriented Sentiment Lexicon [C]. In Proceedings of the Third ACM International Conference on Web Search and Data Mining, ACM, 2010: 111 – 120.

[55] Fagerlin, A., Zikmund-Fisher, B. J., & Ubel, P. A. "If I'm better than average, then I'm ok?": Comparative information influences beliefs about risk and benefits [J]. *Patient Education and Counseling*, 2007, 69 (1): 140 – 144.

[56] Fan, W., & Gordon, M. D. The power of social media analytics [J]. *Communications of the ACM*, 2014, 57 (6): 74 – 81.

[57] Feldman, J. M., & Lynch, J. G. Self-generated validity and other effects of measurement on belief, attitude, intention, and behavior [J]. *Journal of Applied Psychology*, 1988, 73 (3): 421.

[58] Feldman, R., Fresco, M., Goldenberg, J., Netzer, O., & Un-

gar, L. Extracting Product Comparisons from Discussion Boards [C]. In Proceedings of the Seventh IEEE International Conference on Data Mining, ICDM, 2007: 469 - 474.

[59] Filieri, R. What makes an online consumer review trustworthy? [J]. *Annals of Tourism Research*, 2016 (58): 46 - 64.

[60] Floyd, K., Freling, R., Alhoqail, S., Cho, H. Y., & Freling, T. How online product reviews affect retail sales: A meta-analysis [J]. *Journal of Retailing*, 2014, 90 (2): 217 - 232.

[61] Forman, C., Ghose, A., & Wiesenfeld, B. Examining the relationship between reviews and sales: The role of reviewer identity disclosure in electronic markets [J]. *Information Systems Research*, 2008, 19 (3): 291 - 313.

[62] Fu, X., Liu, W., Xu, Y., & Cui, L. Combine HowNet lexicon to train phrase recursive autoencoder for sentence-level sentiment analysis [J]. *Neurocomputing*, 2017 (241): 18 - 27.

[63] Ganapathibhotla, M., & Liu, B. Mining Opinions in Comparative Sentences [C]. In Proceedings of the 22nd International Conference on Computational Linguistics, ACL, 2008, 241 - 248.

[64] Gao, S., Wang, H., Song, Y., & Lu, T. Mining Comparison Opinions from Chinese Online Reviews for Restaurant Competitive Analysis [C]. In Proceeding of the WHICEB 2016, 2016 (4): 1 - 20.

[65] Garner, B. A. Legal *Writing in Plain English: A Text with Exercises* [M]. Chicago: University of Chicago Press, 2010.

[66] Ghazi, D., Inkpen, D., & Szpakowicz, S. Prior and contextual emotion of words in sentential context [J]. *Computer Speech & Language*, 2014, 28 (1): 76 - 92.

[67] Ghiassi, M., Skinner, J., & Zimbra, D. Twitter brand sentiment analysis: A hybrid system using n-gram analysis and dynamic artificial neural net-

work [J]. *Expert Systems with Applications*, 2013, 40 (16): 6266 – 6282.

[68] Ghose, A., & Ipeirotis, P. G. Estimating the helpfulness and economic impact of product reviews: Mining text and reviewer characteristics [J]. *IEEE Transactions on Knowledge and Data Engineering*, 2011, 23 (10): 1498 – 1512.

[69] Goethals, G. R., & Darley, J. M. Social Comparison Theory: Self-evaluation and Group Life [M]//Mullen, B., & Goethals, G. R. *Theories of Group Behavior*. New York: Springer New York, 1987: 21 – 47.

[70] Golicic, S. L., Fugate, B. S., & Davis, D. F. Examining market information and brand equity through resource-advantage theory: A carrier perspective [J]. *Journal of Business Logistics*, 2012, 33 (1): 20 – 33.

[71] Gotlieb, J. B., & Sarel, D. Comparative advertising effectiveness: The role of involvement and source credibility [J]. *Journal of Advertising*, 1991, 20 (1): 38 – 45.

[72] Grewal, D., Monroe, K. B., & Krishnan, R. The effects of price-comparison advertising on buyers' perceptions of acquisition value, transaction value, and behavioral intentions [J]. *Journal of Marketing*, 1998, 62 (2): 46 – 59.

[73] Guo, J. L., Peng, J. E., & Wang, H. C. An opinion feature extraction approach based on a multidimensional sentence analysis model [J]. *Cybernetics and Systems*, 2013, 44 (5): 379 – 401.

[74] Hassan, A., Abu-Jbara, A., Lu, W., & Radev, D. A random walk-based model for identifying semantic orientation [J]. *Computational Linguistics*, 2014, 40 (3): 539 – 562.

[75] Hennig-Thurau, T., Gwinner, K. P., Walsh, G., & Gremler, D. D. Electronic word-of-mouth via consumer-opinion platforms: What motivates consumers to articulate themselves on the Internet? [J]. *Journal of Interactive Marketing*, 2004, 18 (1): 38 – 52.

[76] He, W., Zha, S., & Li, L. Social media competitive analysis and

text mining: A case study in the pizza industry [J]. *International Journal of Information Management*, 2013, 33 (3): 464-472.

[77] Hoberg, G., & Phillips, G. Text-based network industries and endogenous product differentiation [J]. *Journal of Political Economy*, 2016, 124 (5): 1423-1465.

[78] Hou, F., & Li, G. H. Mining Chinese Comparative Sentences by Semantic Role Labeling [C]. In Proceedings of 2008 International Conference on Machine Learning and Cybernetics, 2008, 5: 2563-2568.

[79] Hovland, C. I., & Weiss, W. The influence of source credibility on communication effectiveness [J]. *Public Opinion Quarterly*, 1951, 15 (4): 635-650.

[80] Huang, X., Wan, X., Yang, J., & Xiao, J. Learning to Identify Comparative Sentences in Chinese Text [C]. PRICAI 2008: Trends in Artificial Intelligence, 2008: 187-198.

[81] Hu, N., Koh, N. S., & Reddy, S. K. Ratings lead you to the product, reviews help you clinch it? The mediating role of online review sentiments on product sales [J]. *Decision Support Systems*, 2014 (57): 42-53.

[82] Ito, T. A., Larsen, J. T., Smith, N. K., & Cacioppo, J. T. Negative information weighs more heavily on the brain: the negativity bias in evaluative categorizations [J]. *Journal of Personality and Social Psychology*, 1998, 75 (4): 887-900.

[83] Jiménez, F. R., & Mendoza, N. A. Too popular to ignore: The influence of online reviews on purchase intentions of search and experience products [J]. *Journal of Interactive Marketing*, 2013, 27 (3): 226-235.

[84] Jindal, N., Liu B. Identifying Comparative Sentences in Text Documents [C]. In Proceedings of the 29th Annual International ACM SIGIR Conference on Research and Development in Information Retrieval, ACM, 2006, 1:

244 - 251.

[85] Jindal, N., Liu B. Mining Comparative Sentences and Relations [C]. In Proceedings of the 21st National Conference on Artificial Intelligence and the 18th Innovative Applications of Artificial Intelligence Conference, AAAI, 2006, 22: 1331 - 1336.

[86] Jin, J., Ji, P., & Gu, R. Identifying comparative customer requirements from product online reviews for competitor analysis [J]. *Engineering Applications of Artificial Intelligence*, 2016 (49): 61 - 73.

[87] Kalro, A. D., Sivakumaran, B., & Marathe, R. R. Direct or indirect comparative ads: The moderating role of information processing modes [J]. *Journal of Consumer Behaviour*, 2013, 12 (2): 133 - 147.

[88] Kamps, J., Marx, M., Mokken, R. J., & De Rijke, M. Using WordNet to Measure Semantic Orientations of Adjectives [C]. In Proceedings of LREC, 2004, 4: 1115 - 1118.

[89] Kanayama, H., & Nasukawa, T. Fully Automatic Lexicon Expansion for Domain-oriented Sentiment Analysis [C]. In Proceedings of the 2006 Conference on Empirical Methods in Natural Language Processing, ACL, 2006: 355 - 363.

[90] Karimi, S., & Wang, F. Online review helpfulness: Impact of reviewer profile image [J]. *Decision Support Systems*, 2017 (96): 39 - 48.

[91] Kessler, W., & Kuhn, J. Detection of Product Comparisons-how Far Does an Out-of-the-box Semantic Role Labeling System Take You? [C]. In Proceedings of EMNLP, 2013: 1892 - 1897.

[92] Khan, O., Christopher, M., & Burnes, B. The impact of product design on supply chain risk: A case study [J]. *International Journal of Physical Distribution & Logistics Management*, 2008, 38 (5): 412 - 432.

[93] Kim, H. D., & Zhai, C. Generating Comparative Summaries of Contra-

dictory Opinions in Text [C]. In Proceedings of the 18th ACM Conference on Information and Knowledge Management, ACM, 2009: 385 - 394.

[94] Kim, H. K., Kim, J. K., & Chen, Q. Y. A product network analysis for extending the market basket analysis [J]. *Expert Systems with Applications*, 2012, 39 (8): 7403 - 7410.

[95] Kim, W. G., Li, J. J., & Brymer, R. A. The impact of social media reviews on restaurant performance: The moderating role of excellence certificate [J]. *International Journal of Hospitality Management*, 2016 (55): 41 - 51.

[96] Kim, Y., Dwivedi, R., Zhang, J., & Jeong, S. R. Competitive intelligence in social media Twitter: iPhone 6 vs. Galaxy S5 [J]. *Online Information Review*, 2016, 40 (1): 42 - 61.

[97] Kiritchenko, S., Zhu, X., & Mohammad, S. M. Sentiment analysis of short informal texts [J]. *Journal of Artificial Intelligence Research*, 2014 (50): 723 - 762.

[98] Korfiatis, N., GarcíA-Bariocanal, E., & Sánchez-Alonso, S. Evaluating content quality and helpfulness of online product reviews: The interplay of review helpfulness vs. review content [J]. *Electronic Commerce Research and Applications*, 2012, 11 (3): 205 - 217.

[99] Krajnc, D., & Glavič, P. How to compare companies on relevant dimensions of sustainability [J]. *Ecological Economics*, 2005, 55 (4): 551 - 563.

[100] Ku, L., Liang, Y., Chen, H. Opinion Extraction, Summarization and Tracking in News and Blog Corpora [C]. In Proceedings of AAAI-2006 Spring Symposium on Computational Approaches to Analyzing Weblogs, AAAI, 2006: 100 - 107.

[101] Kurashima, T., Bessho, K., Toda, H., Uchiyama, T., & Kataoka, R. Ranking Entities Using Comparative Relations [C]. In Proceedings of the International Conference on Database and Expert Systems Applications, 2008:

124 - 133.

[102] Lederman, R., Olivares, M., & Van Ryzin, G. Identifying competitors in markets with fixed product offerings [J]. *Columbia Business School Research Paper*, 2014 (14): 1 - 39.

[103] Lee, E. J., & Shin, S. Y. When do consumers buy online product reviews? Effects of review quality, product type, and reviewer's photo [J]. *Computers in Human Behavior*, 2014 (31): 356 - 366.

[104] Lee, J., & Lee, J. N. The eWOM Impact on Sales Distributions in Markets with Different Product Evaluation Standards [C]. In Proceedings of PACIS, 2009: 43.

[105] Lee, S., & Choeh, J. Y. The determinants of helpfulness of online reviews [J]. *Behaviour & Information Technology*, 2016, 35 (10): 853 - 863.

[106] Lee, S., Lee, S., Choeh, J. Y., & Choeh, J. Y. Exploring the determinants of and predicting the helpfulness of online user reviews using decision trees [J]. *Management Decision*, 2017, 55 (4): 681 - 700.

[107] Lerman, K., & McDonald, R. Contrastive Summarization: An Experiment with Consumer Reviews [C]. In Proceedings of Human Language Technologies: The 2009 Annual Conference of the North American Chapter of the Association for Computational Linguistics, ACL, 2009: 113 - 116.

[108] Liang, T. P., Li, X., Yang, C. T., & Wang, M. What in consumer reviews affects the sales of mobile apps: A multifacet sentiment analysis approach [J]. *International Journal of Electronic Commerce*, 2015, 20 (2): 236 - 260.

[109] Li, M., Huang, L., Tan, C. H., & Wei, K. K. Helpfulness of online product reviews as seen by consumers: Source and content features [J]. *International Journal of Electronic Commerce*, 2013, 17 (4): 101 - 136.

[110] Li, S., Lin, C. Y., Song, Y. I., & Li, Z. Comparable entity mining from comparative questions [J]. *IEEE Transactions on Knowledge and Data*

Engineering, 2013, 25 (7): 1498 – 1509.

[111] Liu, Q., Huang, H., Zhang, C., Chen, Z., & Chen, J. Chinese Comparative Sentence Identification Based on the Combination of Rules and Statistics [C]. In Proceedings of the International Conference on Advanced Data Mining and Applications, 2013: 300 – 310.

[112] Liu, Y. Word of mouth for movies: Its dynamics and impact on box office revenue [J]. *Journal of Marketing*, 2006, 70 (3): 74 – 89.

[113] Li, X., & Hitt, L. M. Self-selection and information role of online product reviews [J]. *Information Systems Research*, 2008, 19 (4): 456 – 474.

[114] Malbon, J. Taking fake online consumer reviews seriously [J]. *Journal of Consumer Policy*, 2013, 36 (2): 139 – 157.

[115] McDonald, R., Hannan, K., Neylon, T., Wells, M., & Reynar, J. Structured Models for Fine-to-coarse Sentiment Analysis [C]. In Proceedings of Annual Meeting-association for Computational Linguistics, 2007, 45 (1), 432 – 440.

[116] Mora, P. A., Orsak, G., DiBonaventura, M. D., & Leventhal, E. A. Why do comparative assessments predict health? The role of self-assessed health in the formation of comparative health judgments [J]. *Health Psychology*, 2013, 32 (11): 1175.

[117] Mudambi, S., Schuff, D. What makes a helpful review? A study of customer reviews on Amazon. com [J]. *MIS Quarterly*, 2010, 34 (1): 185 – 200.

[118] Mussweiler, T., Rüter, K., & Epstude, K. The ups and downs of social comparison: Mechanisms of assimilation and contrast [J]. *Journal of Personality and Social Psychology*, 2004, 87 (6): 832.

[119] Nakagawa, T., Inui, K., & Kurohashi, S. Dependency Tree-based Sentiment Classification Using CRFs with Hidden Variables [C]. In Proceedings of the 2010 Annual Conference of the North American Chapter of the Association for

Computational Linguistics, ACL, 2010: 786 – 794.

[120] Netzer, O., Feldman, R., Goldenberg, J., & Fresko, M. Mine your own business: Market-structure surveillance through text mining [J]. *Marketing Science*, 2012, 31 (3): 521 – 543.

[121] Pan, Y., & Zhang, J. Q. Born unequal: A study of the helpfulness of user-generated product reviews [J]. *Journal of Retailing*, 2011, 87 (4): 598 – 612.

[122] Peng, Y. S., & Liang, I. C. A dynamic framework for competitor identification: A neglecting role of dominant design [J]. *Journal of Business Research*, 2016, 69 (5): 1898 – 1903.

[123] Peteraf, M. A., & Bergen, M. E. Scanning dynamic competitive landscapes: A market-based and resource-based framework [J]. *Strategic Management Journal*, 2003, 24 (10): 1027 – 1041.

[124] Poria, S., Cambria, E., & Gelbukh, A. Aspect extraction for opinion mining with a deep convolutional neural network [J]. *Knowledge-Based Systems*, 2016 (108): 42 – 49.

[125] Qazi, A., Syed, K. B. S., Raj, R. G., Cambria, E., Tahir, M., & Alghazzawi, D. A concept-level approach to the analysis of online review helpfulness [J]. *Computers in Human Behavior*, 2016 (58): 75 – 81.

[126] Quan, C., & Ren, F. A blog emotion corpus for emotional expression analysis in Chinese [J]. *Computer Speech & Language*, 2010, 24 (4): 726 – 749.

[127] Racherla, P., & Friske, W. Perceived "usefulness" of online consumer reviews: An exploratory investigation across three services categories [J]. *Electronic Commerce Research and Applications*, 2012, 11 (6): 548 – 559.

[128] Rayner, K., Rotello, C. M., Stewart, A. J., Keir, J., & Duffy, S. A. Integrating text and pictorial information: Eye movements when looking at print

advertisements [J]. *Journal of Experimental Psychology: Applied*, 2011, 7 (3): 219 –226.

[129] Rose, R. L., Miniard, P. W., Barone, M. J., Manning, K. C., & Till, B. D. When persuasion goes undetected: The case of comparative advertising [J]. *Journal of Marketing Research*, 1993: 315 –330.

[130] Saif, H., He, Y., Fernandez, M., & Alani, H. Contextual semantics for sentiment analysis of Twitter [J]. *Information Processing & Management*, 2016, 52 (1): 5 –19.

[131] Salehan, M., & Kim, D. J. Predicting the performance of online consumer reviews: A sentiment mining approach to big data analytics [J]. *Decision Support Systems*, 2016 (81): 30 –40.

[132] Schwartz, P. H. Comparative risk: Good or bad heuristic? [J]. *The American Journal of Bioethics*, 2016, 16 (5): 20 –22.

[133] Simonson I. Get closer to your customers by understanding how they make choices [J]. *California Management Review*, 1993, 35 (4): 68 –84.

[134] Singh, J. P., Irani, S., Rana, N. P., Dwivedi, Y. K., Saumya, S., & Roy, P. K. Predicting the "helpfulness" of online consumer reviews [J]. *Journal of Business Research*, 2017 (70): 346 –355.

[135] Smith, R. H. Assimilative and contrastive emotional reactions to upward and downward social comparisons [M]//Suls, J., & Wheeler, L. *Handbook of Social Comparison: Theory and Research*. Dordrecht, Netherlands: Kluwer Academic Publishers, 2000: 173 –200.

[136] Socher, R., Perelygin, A., Wu, J., Chuang, J., Manning, C. D., Ng, A., & Potts, C. Recursive Deep Models for Semantic Compositionality over a Sentiment Treebank [C]. In Proceedings of the 2013 Conference on Empirical Methods in Natural Language Processing, 2013: 1631 –1642.

[137] Somasundaran, S., Wiebe, J., & Ruppenhofer, J. Discourse Level

Opinion Interpretation [C]. In Proceedings of the 22nd International Conference on Computational Linguistics, 2008, 1: 801 -808.

[138] Somprasertsri, G., & Lalitrojwong, P. Mining feature-opinion in online customer reviews for opinion summarization [J]. *Journal of Universal Computer Science*, 2010, 16 (6): 938 -955.

[139] Stieglitz, S., & Dang-Xuan, L. Emotions and information diffusion in social media—sentiment of microblogs and sharing behavior [J]. *Journal of Management Information Systems*, 2013, 29 (4): 217 -248.

[140] Stone, P. J., Bales, R. F., Namenwirth, J. Z., & Ogilvie, D. M. The general inquirer: A computer system for content analysis and retrieval based on the sentence as a unit of information [J]. *Behavioral Science*, 1962, 7 (4): 484 -498.

[141] Suls, J., & Wheeler, L. Handbook of social comparison: Theory and research [J]. *Springer Science & Business Media*, 2013: 45 -130.

[142] Suls, J., & Wheeler, L. Social comparison theory [J]. *Handbook of Theories of Social Psychology*, 2012 (1): 460 -482.

[143] Sun, J., Long, C., Zhu, X., & Huang, M. Mining reviews for product comparison and recommendation [J]. *Polibits*, 2009 (39): 33 -40.

[144] Sussman, S. W., & Siegal, W. S. Informational influence in organizations: An integrated approach to knowledge adoption [J]. *Information Systems Research*, 2003, 14 (1): 47 -65.

[145] Tang, D., Wei, F., Yang, N., Zhou, M., Liu, T., & Qin, B. Learning Sentiment-Specific Word Embedding for Twitter Sentiment Classification [C]. In Proceedings of ACL, 2014, 1: 1555 -1565.

[146] Thelwall, M., Buckley, K., & Paltoglou, G. Sentiment strength detection for the social web [J]. *Journal of the Association for Information Science and Technology*, 2012, 63 (1): 163 -173.

[147] Thompson, D. V., & Hamilton, R. W. The effects of information pro-

cessing mode on consumers' responses to comparative advertising [J]. *Journal of Consumer Research*, 2006, 32 (4): 530 - 540.

[148] Tkachenko, M., & Lauw, H. W. Comparative Relation Generative Model [J]. *IEEE Transactions on Knowledge and Data Engineering*, 2017, 29 (4): 771 - 783.

[149] Tkachenko, M., & Lauw, H. W. Generative Modeling of Entity Comparisons in Text [C]. In Proceedings of the 23rd ACM International Conference on Conference on Information and Knowledge Management, ACM, 2014: 859 - 868.

[150] Trivedi, R. S., & Eisenstein, J. Discourse Connectors for Latent Subjectivity in Sentiment Analysis [C]. In Proceedings of HLT-NAACL, 2018: 808 - 813.

[151] Turney, P. D., & Littman, M. L. Measuring praise and criticism: Inference of semantic orientation from association [J]. *ACM Transactions on Information Systems (TOIS)*, 2003, 21 (4): 315 - 346.

[152] Varathan, K. D., Giachanou, A., & Crestani, F. Comparative opinion mining: A review [J]. *Journal of the Association for Information Science and Technology*, 2017, 68 (4): 811 - 829.

[153] Wang, B., Huang, Y., Wu, X., & Li, X. A fuzzy computing model for identifying polarity of chinese sentiment words [J]. *Computational Intelligence and Neuroscience*, 2015 (1): 47.

[154] Wang, H., Gao, S., Yin, P., & Liu, J. N. K. Competitiveness analysis through comparative relation mining: Evidence from restaurants' online reviews [J]. *Industrial Management & Data Systems*, 2017, 117 (4): 672 - 687.

[155] Wang, H., & Wang, W. Product weakness finder: An opinion-aware system through sentiment analysis [J]. *Industrial Management & Data Systems*, 2014, 114 (8): 1301 - 1320.

[156] Wang, W., Zhao, T., Xin, G., & Xu, Y. Exploiting machine

learning for comparative sentences extraction [J]. *International Journal of Hybrid Information Technology*, 2015, 8 (3): 347 –354.

[157] Wu, J., & Olk, P. Technological advantage, alliances with customers, local knowledge and competitor identification [J]. *Journal of Business Research*, 2014, 67 (10): 2106 –2114.

[158] Xia, R., Xu, F., Yu, J., Qi, Y., & Cambria, E. Polarity shift detection, elimination and ensemble: A three-stage model for document-level sentiment analysis [J]. *Information Processing & Management*, 2016, 52 (1): 36 –45.

[159] Xu, K., Liao, S. S., Lau, R. Y., Tang, H., & Wang, S. Building Comparative Product Relation Maps by Mining Consumer Opinions on the Web [C]. In Proceedings of AMCIS, 2009: 179.

[160] Xu, K., Liao, S. S., Li, J., & Song, Y. Mining comparative opinions from customer reviews for competitive intelligence [J]. *Decision Support Systems*, 2011, 50 (4): 743 –754.

[161] Yagci, M. I., Biswas, A., & Dutta, S. Effects of comparative advertising format on consumer responses: The moderating effects of brand image and attribute relevance [J]. *Journal of Business Research*, 2009, 62 (8): 768 –774.

[162] Yang, B., & Cardie, C. Context-aware Learning for Sentence-level Sentiment Analysis with Posterior Regularization [C]. In Proceedings of ACL, 2014, 1: 325 –335.

[163] Ye, Q., Law, R., & Gu, B. The impact of online user reviews on hotel room sales [J]. *International Journal of Hospitality Management*, 2009, 28 (1): 180 –182.

[164] Yin, P., Wang, H., & Guo, K. Feature-opinion pair identification of product reviews in Chinese: A domain ontology modeling method [J]. *New Review of Hypermedia and Multimedia*, 2013, 19 (1): 3 –24.

[165] Zhang, Q., Qian, J., Chen, H., Kang, J., & Huang, X. Discourse Level Explanatory Relation Extraction from Product Reviews Using First-Order Logic [C]. In Proceedings of EMNLP, 2013: 946 – 957.

[166] Zhang, Z., Guo, C., & Goes, P. Product comparison networks for competitive analysis of online word-of-mouth [J]. *ACM Transactions on Management Information Systems* (*TMIS*), 2013, 3 (4): 1 – 20.

[167] Zhang, Z., Ye, Q., Law, R., & Li, Y. The impact of e-word-of-mouth on the online popularity of restaurants: A comparison of consumer reviews and editor reviews [J]. *International Journal of Hospitality Management*, 2010, 29 (4): 694 – 700.

[168] Zhou, L., Li, B., Gao, W., Wei, Z., & Wong, K. F. Unsupervised Discovery of Discourse Relations for Eliminating Intra-sentence Polarity Ambiguities [C]. In Proceedings of the Conference on Empirical Methods in Natural Language Processing, 2011: 162 – 171.

[169] Zhu, F., & Zhang, X. Impact of online consumer reviews on sales: The moderating role of product and consumer characteristics [J]. *Journal of Marketing*, 2010, 74 (2): 133 – 148.

[170] Zhu, L., Yin, G., & He, W. Is this opinion leader's review useful? Peripheral cues for online review helpfulness [J]. *Journal of Electronic Commerce Research*, 2014, 15 (4): 267 – 280.